AF525500

Ernst Bauernfeind | Walter Reisinger

Erfolgreich **Fliegenfischen**

Taschenbuch der Fliegenwahl

Inhaltsverzeichnis

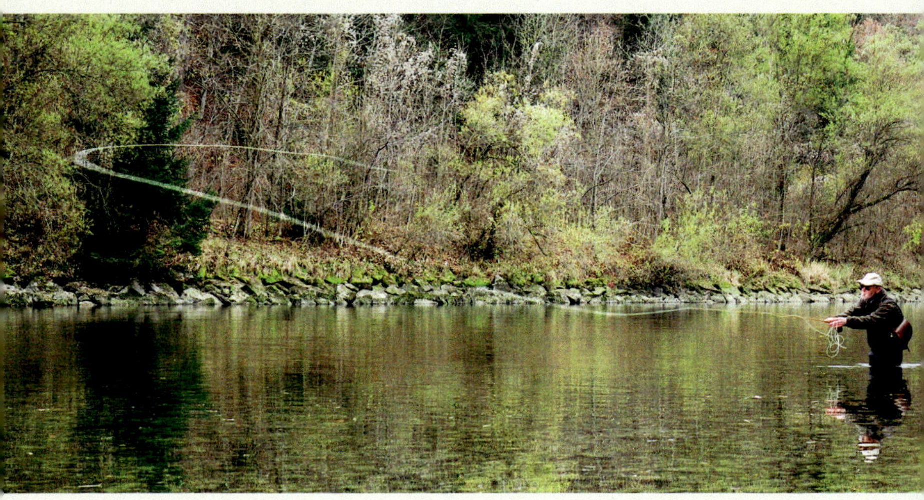

Fliegenwahl 6

Beobachtung oder Eingebung 6

Der Weg zum Erfolg 7

Was ist aber, wenn… ? 11

Wichtige Insektengruppen 12

Eintagsfliegen 14

Köcherfliegen 16

Steinfliegen 17

Hautflügler 18

Käfer 19

Zweiflügler 20

Schlammfliegen 21

Wasserwanzen 22

Fliegenmuster – die Grundtypen 23

Trockenfliegen 23

Nassfliegen 25

Qualitätskriterien 26

Die Fische und der Flugangler 28

Die Bachforelle 28

Die Regenbogenforelle 31

Die Äsche 31

Bachsaibling und Seesaibling 33

Die Gewässer 35

Bäche 36

Bäche des Hügellandes und der Voralpen 36
Anbietetaktik und Präsentation 37
Natürliche Vorbilder 38
Muster 38

Gebirgsbäche 42
Anbietetaktik und Präsentation 42
Natürliche Vorbilder 43
Muster 44

Braunwasserbäche 46
Anbietetaktik und Präsentation 46
Natürliche Vorbilder 48
Muster 48

„Kreidebäche“ – chalk streams 50
Anbietetaktik und Präsentation 50
Natürliche Vorbilder 52
Muster 52

Mühlbäche und Werkskanäle 56

Flüsse 59

Anbietetaktik und Präsentation 60
Natürliche Vorbilder 60
Muster 62
Anflugnahrung / Terrestrials 62
- Frühjahr 62
- Sommer 68
- Sommer tagsüber 68
- Sommer abends 71
- Herbst 74

Seen 77

Besondere Situationen 80

Service 85

Weiterführende Literatur 86
Die Autoren 88
Bildquellen 88
Sachregister 89

Vorwort

The jealous trout, that low did lie
Rose at a well-dissembled fly

(Izaak Walton: The Compleat Angler, 1653)

Die Wahl der gerade fängigen Fliege ist für viele Flugangler immer noch ein zentrales Problem – und auch der Versuch, einfache Kriterien für eine möglichst objektive Fliegenwahl zu liefern, ist keineswegs neu[1]. Nicht zuletzt haben auch Entwicklungen in der Angelfischerei der letzten Jahrzehnte nicht dazu beigetragen, Begriff und Ziele des Fliegenfischens in einer zeitgemäßen und ökologisch verträglichen Form neu zu definieren. Gerade die neuen technischen Möglichkeiten einerseits und der weitgehende Verlust eines von Kind auf entwickelten und erlebten Naturverständnisses andererseits haben bei vielen Fluganglern zu einer Verunsicherung geführt, die auch in der Fliegendose ihren Niederschlag findet.

[1] Bereits Thomas Barker, der Koch von Oliver Cromwell, gab 1651 in seinem Buch „The Art of Angling“ (Die Kunst des Angelns, ab der 3. Auflage mit dem Zusatz „Barker's Delight“) detaillierte Anweisungen zum Binden von zwölf Fliegen für die entsprechenden Monate des Jahres; darunter sind drei Muster im Palmer-Stil, die in unveränderter Form auch heute noch als ausgesprochen fängig bezeichnet werden müssen.

Mit dem vorliegenden Taschenbuch haben die Autoren versucht, ihre Erfahrungen mit Anglern, Fischen und Insekten zusammenzufassen und damit dem interessierten Fliegenfischer einen praxisgerechten Leitfaden in die Hand zu geben, der ihn zu mehr Vergnügen am Wasser und zu weitergehenden, eigenen Überlegungen führen soll.

Deshalb haben wir uns einerseits bemüht, auf gewässerökologischer Basis die verschiedenen Insektengemeinschaften in ihrer unterschiedlichen Bedeutung für Fisch und Fischer vergleichbar zu machen. Andererseits sollte die unberechtigte Scheu vor dem Erkennen und Ordnen angesichts der immer noch ungeheuren Artenvielfalt der Insekten an unseren Gewässern genommen werden. Und nicht zuletzt wollten wir den Begriff der Fliegenwahl in seinen unterschiedlichen Dimensionen definieren, die von der Beobachtung und Interpretation bis zu Fragen der Nachhaltigkeit reichen.

Der Weg, zwischen Vereinfachung und naturwissenschaftlich fundierter Erklärung, ist immer eine Gratwanderung, bei der ein Zuviel nach der einen oder anderen Seite den Wanderer aus dem mühsam balancierten Gleichgewicht bringt. Die Wahl der gerade fängigen Fliege mag eine schwierige sein, fast immer ist sie eine subjektive Entscheidung, auch wenn man versucht,

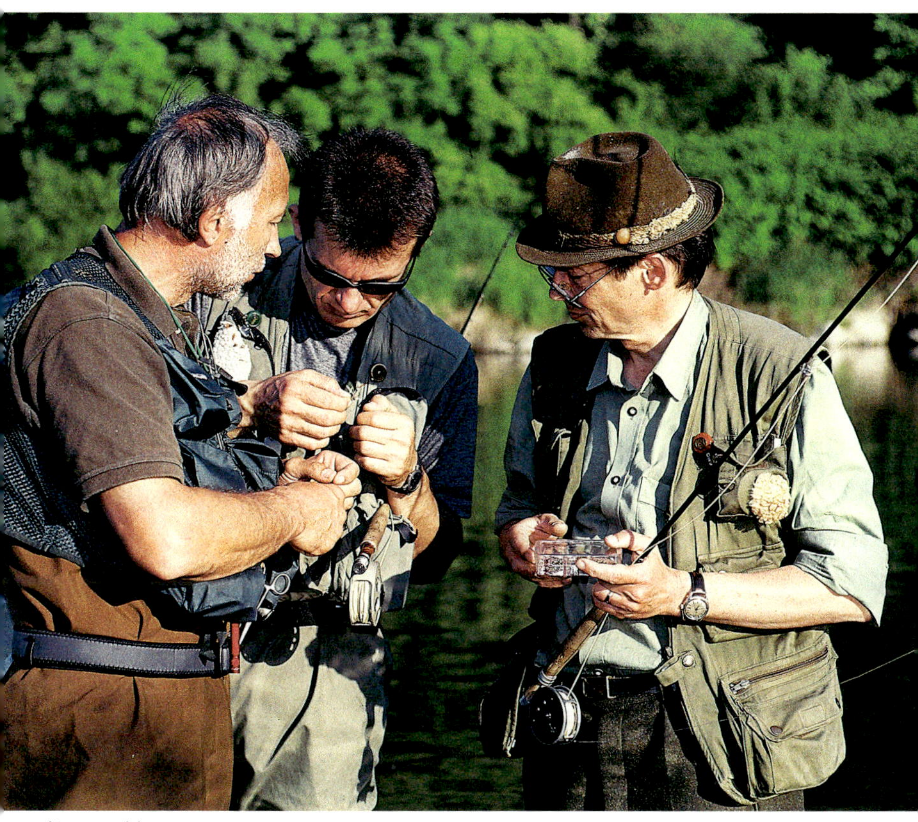

Fliegenwahl

die Problematik möglichst zu objektivieren. In jedem Fall ist es aber eine emotionale Entscheidung – soviel zumindest ist gewiss.

Das Taschenbuch ist von Größe und Ausstattung her gedacht, Sie ans Wasser zu begleiten. Wenn es Ihnen dort eine Hilfe ist, Ihre Entscheidung zu treffen, werden wir uns freuen. Wenn es dazu beiträgt, Ihre Freude an der Fliegenfischerei zu erhalten und noch zu vertiefen, so hat es seine Schuldigkeit getan.

Grünburg, an den Ufern der Steyr
Ernst Bauernfeind & Walter Reisinger

Fliegenwahl

Kaum ein Thema beschäftigt den Fliegenfischer so sehr wie die Wahl der „richtigen“ Fliege – um keines seiner zahlreichen Probleme ranken sich so viele und oft gegensätzliche Ansichten. Was hilft uns also beim Griff in die Fliegendose?

Beobachtung oder Eingebung

Der erfahrene Fliegenfischer schöpft natürlich aus dem Schatz seiner Erinnerungen, er kann auch an einem für ihn neuen Gewässer die Erfahrungen aus vergleichbaren Situationen anwenden. Oft wird er sich dieses Überlegungsvorganges auch gar nicht bewusst, wenn er – scheinbar intuitiv – jene Fliege hervorholt, die ihm gerade fängig erscheint. Wir wissen, die Fliege des Vertrauens fängt: aber was tun, wenn das Vertrauen oder die Erfahrung fehlt?

Lassen sich allerdings Fische bei der Nahrungsaufnahme beobachten, so sind wir schon auf einem guten Weg. In der Regel hört man aber *„Es steigt ja nichts …“*, obwohl der Kollege noch kaum einen Blick auf das Wasser geworfen hat. Wie viele Angler binden die Fliege schon auf dem Parkplatz an, bevor sie noch das Gewässer sehen können. Wer würde die Eile nicht verstehen, mit der es den passionierten Fliegenfischer zum ersten Wurf drängt – der kurze Aufenthalt, die richtige Einschätzung der Situation, erhöht aber nicht nur die Fangaussichten beträchtlich, man sollte auch den Genuss der Einstimmung in die Atmosphäre von Wasser und Fischtag nicht unterschätzen. Und für eine sinnvolle Beurteilung der Situation braucht man beileibe kein Insektenforscher zu sein. Die so oft ausgesprochene Hilflosigkeit angesichts der schier unüberschaubaren Vielfalt, die Angst vor komplizierten wissenschaftlichen Namen (und den klassischen englischen Musternamen) ist in Wahrheit unbegründet. Man muss nur ein bisschen schauen lernen und kann, im Grunde spielerisch, Genuss und Fangerfolg auf höchst angenehme Weise steigern.

„Nicht das Muster, der Angler (d.h. Wurfkönnen und Anbieteweise) ***ist entscheidend!“***

Dieser oft gehörte Satz enthält zweifelsohne eine grundlegende Wahrheit, ebenso oft aber stellt er nichts Anderes als eine bequeme Ausrede dar. Auf dem Weg zum Meister – und wer wollte kein Meister sein – darf man es sich nicht so einfach machen. Gerade an stärker befischten Gewässern (und wild aufgewachsenen Fischen gegenüber) ist das gelungene Zusammenspiel von Muster, Taktik und Technik entscheidend. Den traurigen Besatzfisch, vorgestern erst besetzt, verwirrt und hungrig, den fängt man fast mit jeder Fliege und ohne eine dem Naturgeschehen abgelauschte Strategie. Aber wollen Sie wirklich solche Fische fangen?

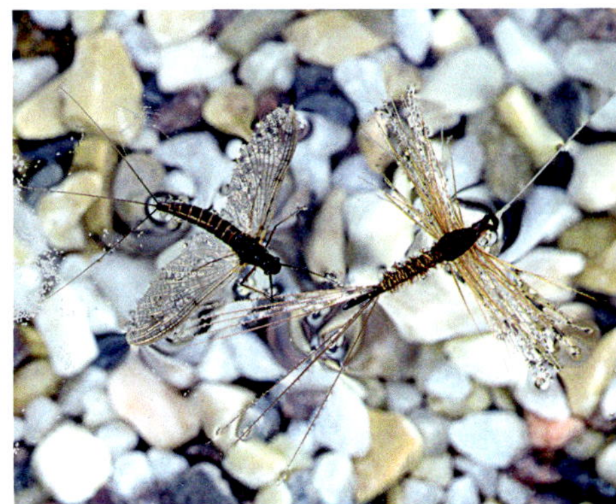

Vorbild und Nachahmung

Der Weg zum Erfolg

Auch wenn es – glücklicher Weise – keine Fanggarantie geben kann und auch wir Ihnen eine solche nicht versprechen können, die folgenden Grundregeln sollten Ihnen verlässlich die Möglichkeit geben, positive Erfahrungen zu sammeln und solcherart auf Ihrem eigenen Weg zur Meisterschaft zu gelangen:

Beobachtung

Sie stehen am Ufer – hoffentlich nicht so, dass alle Fische Sie schon gesehen haben und entsprechend das Fressen einstellen! Nicht zu nahe am Ufer (und nicht auf der Brücke), nicht erhöht und gegen den Himmel deutlich und weit sichtbar für jeden Fisch. Sie haben alle diese Fehler schon gemacht? Gehen Sie vorsichtig (wenig Bodenerschütterung) und möglichst gedeckt dorthin, wo Sie einen guten Ausblick haben und der Fisch von Ihnen nichts sieht! Wählen Sie nach Möglichkeit jenes Ufer, das einen Einblick ohne störende Spiegelung und Blendung ermöglicht – eine gute Polarisationsbrille erleichtert jedenfalls den Blick ins Wasser erheblich.

Beginnen Sie Ihre Beobachtung mit den Ufern – sind diese bewachsen (Fische stehen gern im Schatten, vom Bewuchs fallen nahrhafte Insekten ins Wasser), wo ist es seicht, wo sind Tiefstellen, wie verläuft die Strömung (sie bringt oft Fischnahrung heran), gibt es Rückströmungen (in ihnen sammelt sich die Nahrung), ragen Steine oder Totholz aus dem Wasser (Deckung für den Fisch), fischt vielleicht schon ein Kollege in Ihrem Blickfeld? Kann (darf, muss) man den Fluss bewaten, was lässt sich vom Flussgrund sagen? Wie sind die verschieden Substrate (Lehm, Sand, Kies, Schotter, Fels) auf der Sohle verteilt?

Die sorgfältige Beobachtung kann durch nichts ersetzt werden – *„das Wasser lesen können* (*to read the water*)" ist das Um und Auf des Fliegenfischers. So mancher starrt intensiv auf den Fluss vor ihm, aber er sieht nichts, wo ein anderer schon den Plan des Fischtages klar entwerfen kann und sich der kommenden Chancen und Herausforderungen freut. Wenn Sie nichts sehen, weil das Wasser angetrübt ist, so prüfen Sie, ob auch stromauf gelegene Abschnitte beeinträchtigt sind. Wenn ja, so stehen die Chancen für den Fliegenfischer schlecht und man sollte mögliche Alternativen zur Tagesgestaltung prüfen. Wer glaubt, dennoch Fischen zu müssen, für den finden sich ein paar Worte auf Seite 56.

Gewässerkunde

Was ist es für ein Gewässer, an dem Sie stehen? Ist es ein Bach, ein Fluss, ein See oder ein künstliches Gewässer? Auch wenn die Frage Sie befremdlich anmuten mag – der Gewässertyp entscheidet über den Fischbestand, über das Nahrungsangebot und die Vielfalt der Nahrung (und trägt damit entscheidend zur erfolgreichen Musterwahl bei). Sie sind kein Limnologe (Gewässerforscher)? Die für den Fliegenfischer wichtigsten Gewässertypen stellen wir Ihnen auf den Seiten 35 bis 78 in Wort und Bild vor.

Insektenkunde

Sind Ihnen Insekten aufgefallen? Manchmal tanzen diese in dichten Schwärmen über dem Wasser, an günstigen Tagen kommen – wie winzige Segelschiffe – die Subimagines (englisch: Duns) von Eintagsfliegen in mehr oder minder großer Zahl mit der Strömung heran getrieben. War in den letzten Tagen ein starker Köcherfliegenschlupf von Arten, die an der Wasseroberfläche schlüpfen (Familie Hydropsychidae), so findet man massenhaft leere Puppenhäute (Exuvien) in der Drift und im Kehrwasser. An Bächen und Flüssen, wo die großen Steinfliegen noch vorkommen, findet man auf Steinen und Mauern im Uferbereich leere Nymphenhüllen. An seichten Uferstellen, in Rückströmungen und wassernahen Spinnennetzen (auch zwischen den Stäben des Brückengeländers) findet sich meist eine Vielzahl an abgestorbenen Insekten, die dem Flugangler wertvolle Hinweise bei der Musterwahl gibt. Sie sind kein Entomologe (Insektenforscher)? Alle für den Fliegenfischer wichtigen Insektengruppen stellen wir Ihnen auf den Seiten 12 bis 22 an typischen Beispielen in Wort und Bild vor.

Der Fisch – die Fische

Sie haben einen Fisch, womöglich sogar mehrere Fische gesehen? Schauen Sie nochmals hin – versuchen Sie, ob Sie vielleicht das Verhalten der Fische interpretieren können. Die Fische streben eilig davon oder scheinen reglos tief am Grunde zu verharren? Wahrscheinlich wurden Sie von den Fischen schon bemerkt, Sie sollten ihre Beobachtungen mit größerer Vorsicht weiter stromauf noch einmal beginnen! Die Fische scheinen Nahrung aufzunehmen – steigen sie zur Oberfläche (und durchbrechen diese mit der Schnauzenspitze? Können Sie vielleicht die Nahrung einer Insektengruppe zuordnen?), nehmen sie im Mittelwasser oder am Grunde? Auch Fische, die ihre Nahrung unter Wasser aufnehmen, können beim Abtauchen die Wasseroberfläche mit dem Rücken oder der Schwanzflosse durchbrechen.

Die Fische stehen zu zweien oder dreien am Grunde, führen merkwürdige Bewegungen aus und verjagen einander zeitweilig? Freuen Sie sich und fischen Sie nicht – die Fische vor

Ihnen laichen (und sollten, auch wenn die amtliche Schonzeit noch nicht begonnen oder schon geendet hat, auf keinen Fall gestört werden)!

Sie haben trotz aller Mühe nicht einen einzigen Fisch entdecken können? Geben Sie sich und dem Wasser noch eine Chance. War dort zwischen den Wurzeln nicht ein winziger Ring, als wäre ein Steinchen ins Wasser gefallen? Dort, wo die Strömung gebrochen und voller störender Lichtreflexe über die Steine hüpft, sind Ringe nahrungsaufnehmender Fische besonders schwer zu sehen – wenn nirgends ein Fisch zu finden ist, sollte man gerade an solchen Stellen einen Versuch machen. Wenn keine auffallende Insektenentwicklung zu bemerken ist, so wird irgend ein mittelgroßes, gut sichtbares Allroundmuster wohl nicht verfehlt sein (z.B. Seite 49 Buck Caddis).

Anbietetaktik

Sie haben die Gewässerstruktur und die Ufer studiert? Sie haben auch Nahrung aufnehmende Fische gesehen und die Beute grob einer Insektengruppe zuordnen können? Gratulation – in Kürze können Sie die Fliege Ihrer Wahl anbieten und Ihre Leine im ersten Wurf entfalten!

Sie haben sich für einen Fisch entschieden, den Sie anwerfen wollen? Liegen verschiedene Strömungen zwischen dem Fisch Ihrer Wahl und Ihnen? Werden Sie die Distanz bequem mit einem sauberen Wurf überwinden können und das Ziehen von Vorfach und Schnur an der Fliege („dregging") vermeiden können? Haben Sie Platz für den Rückwurf oder werden Sie eine andere Wurftechnik, wie etwa den Rollwurf, anwenden? Vielleicht empfiehlt es sich auch den Standort zu wechseln, um die Wurfdistanz zu verkürzen oder einen günstigeren Winkel zu erreichen. Die Bewegung von Armen, Rute und Leine beim Wurf verschärft jedenfalls die Gefahr, vom Fisch vorzeitig entdeckt zu werden – besonders dann, wenn der Fischer einen erhöhten Standpunkt eingenommen hat, um besser in das Wasser hineinsehen zu können. Der Watfischer, dessen Silhouette nur wenig über die Wasserfläche hinausragt, ist für den Fisch viel weniger auffallend und befindet sich zudem oft außerhalb des tatsächlichen Sichtfensters.

Die Wahl des grundsätzlichen Fliegentyps (Trockenfliege, Nassfliege, Puppen-Muster, Nymphe), der Anbietetaktik (stromauf, querüber oder stromab, in freier Drift oder gezogen) und der Präsentation (trocken, nass, im Spiegel eingesunken) können nicht unabhängig voneinander betrachtet werden sondern bedingen einander wechselseitig. Habe ich festgestellt, dass die Fische mit der Strömung antreibende Eintagsfliegen an der Wasseroberfläche aufnehmen, so wird eine unter Wasser stromauf gezogene Nassfliege nur selten erfolgreich sein. Diese Technik kann sich aber als fängig erweisen, wenn Fische massenhaft aufsteigende Nymphen im Mittelwasser nehmen oder knapp vor dem Schlupf Köcherfliegenpuppen eilig dem Ufer zustreben.

Zusammenfassend ergibt sich daraus nunmehr klar: die Wahl der Fliege kann nicht auf die möglichst genaue Nachahmung eines bestimmten Insekts beschränkt gesehen werden. Das tatsächliche aktuelle Nahrungsangebot und seine Verteilung, die Aktivität der Fische, die technischen Möglichkeiten und Notwendigkeiten einer möglichst wirklichkeitsnahen Präsentation in Verhalten und Aussehen aus Sicht des Fisches bilden gemeinsam die Basis für die Wahl des Musters aus unserer Fliegendose. Und in den allermeisten Fällen kann das Objekt unserer Wahl nur einen Kompromiss aus den verschiedenen Anforderungen darstellen.

Wer seine Fliegen selber bindet, für den erweitern sich die Möglichkeiten, Reize und Probleme der Fliegenwahl in ungeahntem Ausmaß. Wie der kreative Fliegenbinder den Wechselbeziehungen zwischen Vorbild und Nachahmung nachspürt – und wie er sie technisch zu verwirklichen sucht, ist allerdings eine andere Geschichte[1].

Nach Gewässertyp

Auch wenn die sorgfältige Beobachtung der aktuellen Umstände an Ihrem jeweiligen Standort für den genuss- und erfolgreichen Fischtag unerlässlich ist, so lässt sich doch die Fliegenwahl nach allgemeinen Gesichtspunkten einschränken und damit vereinfachen. Je nach Gewässertyp (Seiten 35–78) sind einerseits die Lebensgemeinschaften der Insekten verschieden, doch auch Anbietetaktik und Präsentation unterscheiden sich unter Umständen deutlich an den verschiedenen Gewässern. Selbst die Hauptgruppen der Insekten, die leicht unterscheidbar sind (Seiten 14–22), treten an unterschiedlichen Gewässern und Gewässerabschnitten in stark wechselnder Anzahl auf und sind dementsprechend als natürliche Vorbilder unserer Fliegen von größerer oder geringerer Bedeutung. Und davon ausgehend lässt sich die Wahl der potentiell fängigen Muster von Anfang an begrenzen. Wir haben deshalb die vorgestellten und empfohlenen Fliegenmuster nach diesem Gesichtspunkt eingeteilt. Die Größe des gewählten Musters spielt allerdings fast immer eine wesentliche Rolle: die Hakengrößen variieren (nach Hakenform und Hersteller) beträchtlich, weshalb wir die Körpergröße der jeweiligen Vorbilder angegeben haben, an der man sich orientieren sollte. Doch ist auch zu bedenken, dass unsere Nachahmungen aus Sicht des Fisches oft größer und massiver wirken als das natürliche Vorbild – man wähle daher im Zweifelsfalle besser das kleinere Muster.

Wenn Sie das von Ihnen befischte Gewässer einem der angeführten und beschriebenen Typen (Seiten 35–78) zugeordnet haben so finden Sie – eventuell noch weiter nach Jahres- oder Tageszeit unterteilt – Abbildungen jener Fliegenmuster, die sich besonders bewährt haben. Aus diesen können Sie (unter Beachtung der aus der allgemeinen Gewässerbeobachtung geschöpften Hinweise) dann die Fliege Ihrer Wahl ans Vorfach knüpfen.

Nach Jahreszeit

Für viele Gewässer lässt sich das Insektenangebot (und damit Ihre Musterwahl) noch weiter nach der Jahreszeit einschränken. Tatsächlich spielen etwa

[1] Entomologie für Fliegenfischer – Vom Vorbild zur Nachahmung. Reisinger W., Bauernfeind E. & E. Loidl. 2010. Ulmer Verlag,. 320 S.,2. , neu bearbeitete und erweiterte Auflage, 530 Farbfotos.

an vielen Bächen und Flüssen im Frühjahr praktisch nur Olive Duns (p. 14) eine für den Fliegenfischer wesentliche Rolle. Ob Sie nun ein entsprechendes Muster trocken oder nass anbieten, stromauf oder stromab servieren, das hängt allein von den von Ihnen aus der aktuellen Gewässerbeobachtung abgeleiteten Faktoren ab (Aktivität der Fische, Strömungsverhältnisse, Distanz, Bewatbarkeit etc.).

Nach Tageszeit

Vor allem an größeren Flüssen, aber auch an Seen oder anderen stehenden Gewässern, kann das Insektenangebot im Sommer zusätzlich nach der Tageszeit stark variieren. Sie finden deshalb unter dem Gewässertyp Flüsse (Seiten 59–76) entsprechend Vorschläge für die Musterwahl tagsüber und für die Abendstunden aufgeteilt. Taktik und Präsentation sind allerdings auch in diesem Fall Faktoren, die Sie selbst aus der beobachteten Situation am Wasser berücksichtigen müssen.

Die Wahl der wirklich gerade gängigen Fliege ist also keine Geheimwissenschaft – und sie verlangt von Ihnen auch nicht unbedingt die Fähigkeiten eines geschulten Entomologen oder Limnologen. Zwar ist für manchen Fliegenfischer und Fliegenbinder die Freude an der ernsthaften Beschäftigung mit Insekten wichtig genug, um erst dem Fischtag seinen vollen Reiz zu geben. Sie kommen aber zur Not ganz gut ohne jeden wissenschaftlichen Insektennamen aus. Die Notwendigkeit der eigenen Beobachtung vor der Fliegenwahl kann Ihnen aber niemand abnehmen. Zum Glück.

Was ist aber, wenn....?

Und wenn die große Standforelle oder die Grundäsche gerade Steine umwendet und darunter Koppen frisst? Dann kann man sie zwar (manchmal) mit dem toten Köderfisch, dem Wurm, dem Spinner oder dem Streamer fangen. Der wahre Fliegenfischer aber, dem nicht der Fisch allein im Kochtopf wichtig ist – der müht sich ab, sie trotzdem auf seine Weise zu betören. Und freut sich auch ohne den Fangerfolg alleine über den herrlichen Anblick.

Das oft gehörte Argument, der Fisch ernähre sich zu 90% von Nahrung am Grunde oder jedenfalls unter Wasser, und Trockenfliegenfischerei sei daher reine Zeitverschwendung – diese Behauptung stimmt zwar im ersten Halbsatz, doch der zweite richtet sich gegen den, der so argumentiert: die Freude am Fliegenfischen ist nicht die Beute; es ist die Freude, Schwierigkeiten überwunden und möglichst im Einklang mit der Natur den Tag verbracht zu haben. Die Freude, mit Ehrfurcht ihr verborgenes Atmen, ihr Leben und ihre sich stets wandelnde Schönheit beobachten zu dürfen. Der Stolz, ihre Verwundbarkeit nicht einfach ausgenützt zu haben sondern sich der Verantwortung bewusst zu sein, die Wissen und Können immer mit sich bringen.

In diesem Sinne wünschen wir Ihnen „*tight lines*" auf Ihrem Weg zu wahrer Meisterschaft!

Wichtige Insektengruppen

Für den Fliegenfischer sind vor allem jene Insektengruppen interessant, die einen wesentlichen Anteil an der Ernährung der jeweils beangelten Fischart haben. Die meisten dieser Insekten haben wasserlebende Larven, aus deren letztem Stadium dann das geschlechtsreife Flugtier (lateinisch: die Imago) schlüpft, wobei die Weibchen nach der Begattung zum Wasser zurückkehren, um ihre Eier abzulegen. Ein typisches Beispiel sind die **Steinfliegen** (Plecoptera), deren Larven sich nur in kalten und organisch wenig belasteten Fließgewässern finden. Als einzige Insektengruppe haben die **Eintagsfliegen** (Ephemeroptera) nach dem letzten Larvenstadium (der Nymphe) ein bereits flugfähiges Vorstadium zwischengeschaltet – die Subimago (englisch: Dun) – die fischereilich von besonderem Interesse ist. Bei Gruppen mit sogenannter vollständiger Verwandlung, etwa den **Köcherfliegen** (Trichoptera) oder den **Zweiflüglern** (Diptera: Fliegen und Mücken), verläuft die Entwicklung von der Larve über ein Puppenstadium zum Fluginsekt.

Daneben können auch verschiedene **Landinsekten** (englisch: Terrestrials) an manchen Gewässern und zu bestimmten Jahreszeiten einen wesentlichen Anteil des Nahrungsspektrums stellen. Am bekanntesten sind dabei die **Käfer** (Coleoptera) und aus der großen Ordnung der Hautflügler (Hymenoptera) die **Ameisen** (Formicidae). Mit den fettgedruckten Namen haben Sie aber die wichtigsten Gruppen bereits erfasst.

Der Flugangler versucht nun, entsprechend den gerade besonders wichtigen natürlichen Vorbildern, diese nachzuahmen und dem Fisch in einer Weise zu präsentieren, die dem aktuellen Auftreten des jeweiligen Beutetieres entspricht. Der Begriff der „Nachahmung“ ist in diesem Zusammenhang allerdings oft missverstanden worden. Die künstliche Fliege soll in Erscheinung und Bewegung möglichst dem gewohnten Beuteschema des Fisches entsprechen, beziehungsweise dieses in charakteristischen Bereichen leicht überzeichnen – die Verhaltensforschung spricht in diesem Zusammenhang von der so genannten „überoptimalen Attrappe“. Nachahmung im Sinne der Fliegenfischerei besteht daher aus drei einander notwendiger Weise ergänzenden Bereichen:

- der optisch und technisch korrekt gebundenen Fliege
- der richtigen Auswahl (Verbindung von Vorbild und Muster)
- der naturnahen, dem Vorbild entsprechenden, Präsentation

Der Fliegenbinder steht vor der Aufgabe, eine – aus Sicht des Fisches (!) – realistische Nachahmung herzustel-

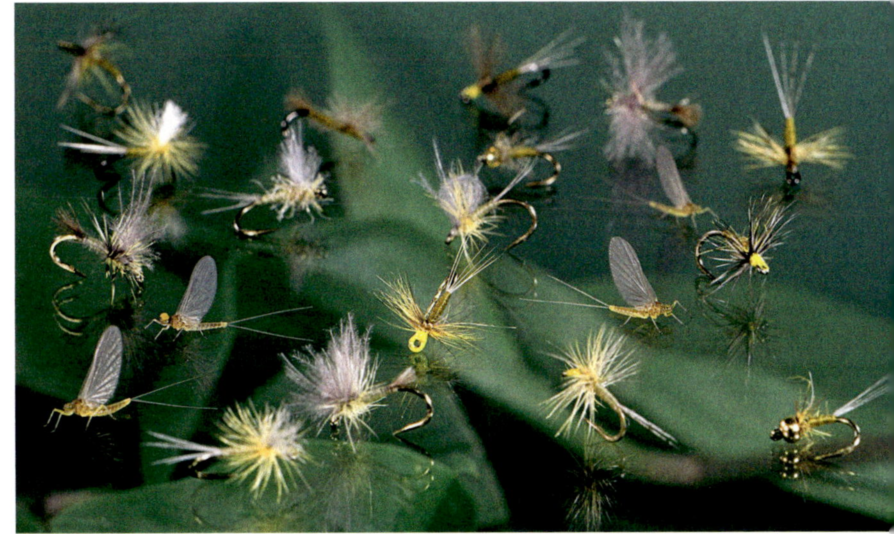

In guter Gesellschaft (Pale Watery Duns, *Baetis fuscatus*)

len, die auch den technischen Aspekten wie Haltbarkeit, Sichtbarkeit, Schwimm- oder Sinkfähigkeit, aerodynamisches Verhalten und Hakfähigkeit entsprechend Rechnung trägt. Wer seine Fliegen nicht selber bindet muss nun aus der Vielfalt der mehr oder weniger gut gelungenen Muster seine Auswahl treffen. Am Wasser hat er aus seiner Fliegendose jenes Muster auszuwählen, von dem er glaubt, dass es dem gerade von den Fischen bevorzugt aufgenommenen natürlichen Vorbild am nächsten kommt. Und schließlich muss er dann dieses Muster in einer Weise anbieten, dass die davon ausgehenden Reize dem Beuteschema des Fisches bestmöglich entsprechen.

Im Folgenden finden Sie Vertreter jener Insektengruppen abgebildet, die grundsätzlich für die Fliegenfischerei als wesentlich erkannt worden sind. Und Ihre Aufgabe besteht nun darin, jene Insekten, die Sie gerade am Wasser sehen (und vielleicht in einem bestimmten Lebensstadium als Beute von Fischen identifiziert haben) einer dieser Gruppen zuzuordnen.

Ein Hinweis zur Bestimmungsarbeit: Können Sie bei einem Spaziergang einen vorbeiflatternden Schmetterling und einen den Weg überquerenden Käfer unterscheiden und der jeweiligen Gruppe, das heißt Käfer (Coleoptera) und Schmetterlinge (Lepidoptera) richtig zuordnen? Dann können Sie auch am Fischwasser die für den Flugangler wichtigen Insektengruppen richtig bestimmen!

Eintagsfliegen (Ephemeroptera)

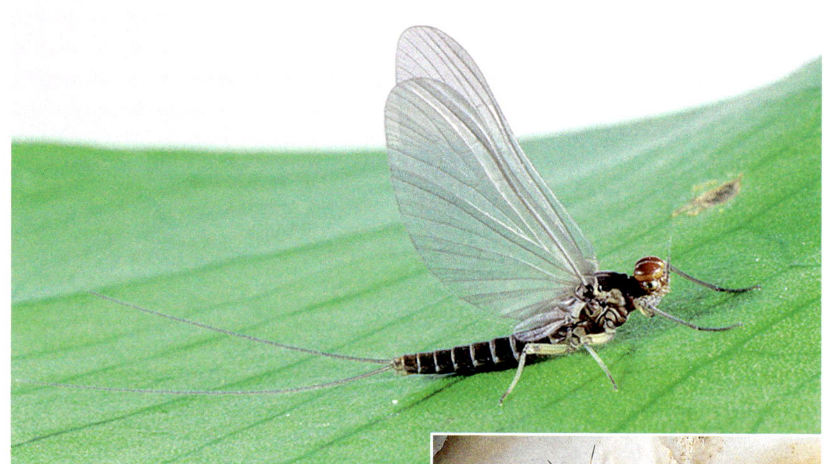

Baetis alpinus / Alpine Olive Dun,
♂ Subimago

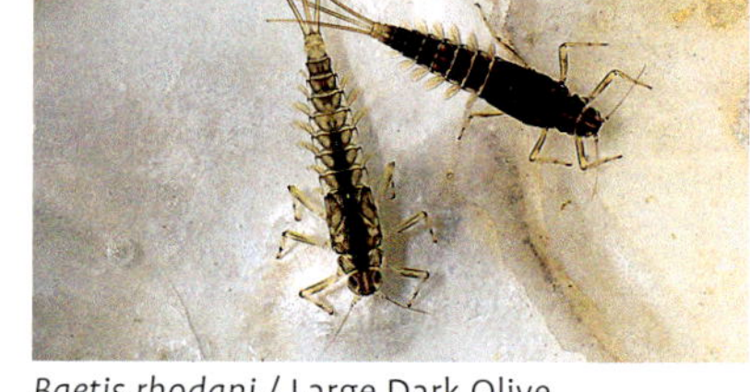

Baetis rhodani / Large Dark Olive,
Larve (links) und Nymphe (rechts)

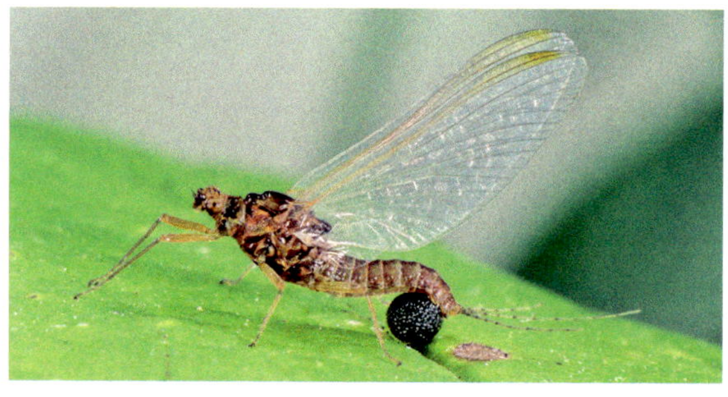

Ephemerella ignita /
Sherry Spinner,
♀ Imago

Maifliege / *Ephemera danica* / Mayfly, Larve

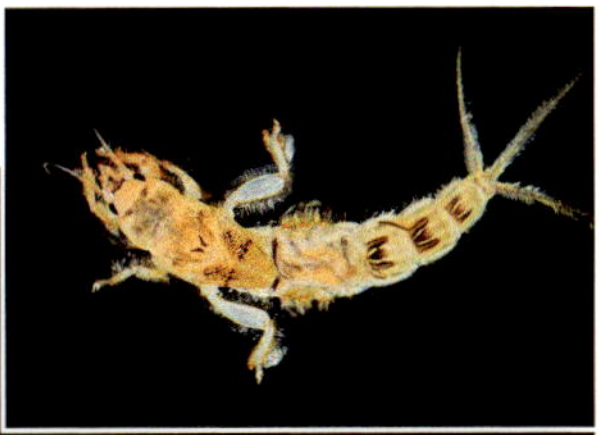

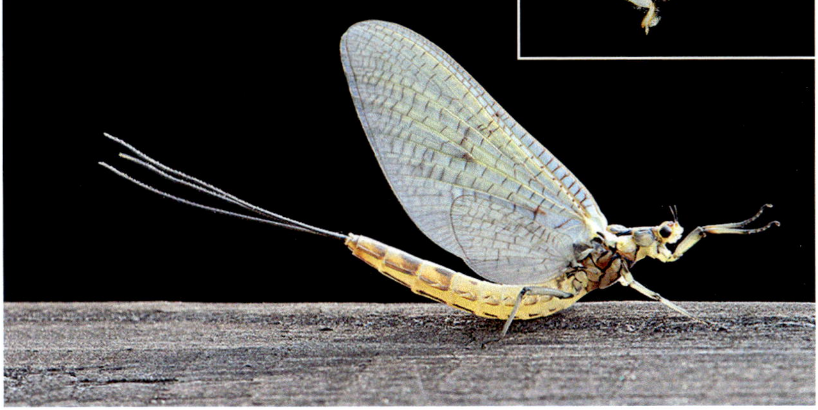

Maifliege / *Ephemera danica* / Green Drake, ♀ Subimago

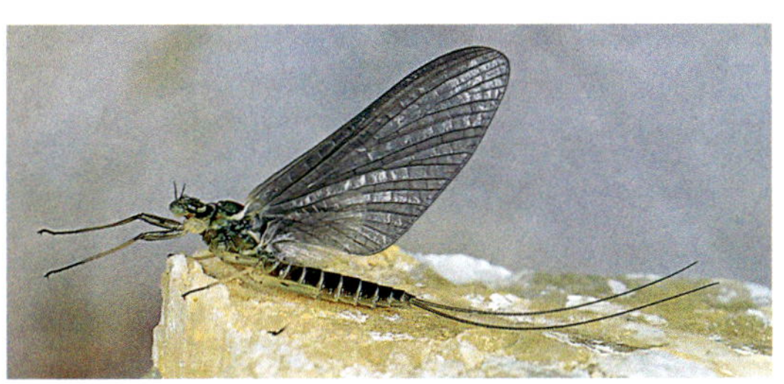

Rhithrogena semicolorata / Olive Upright (Dun), ♀ Subimago

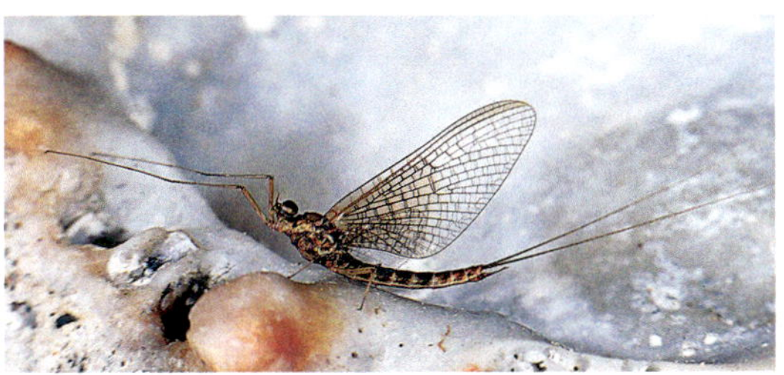

Rhithrogena semicolorata / Yellow Upright (Spinner), ♂ Imago

Köcherfliegen (Trichoptera)

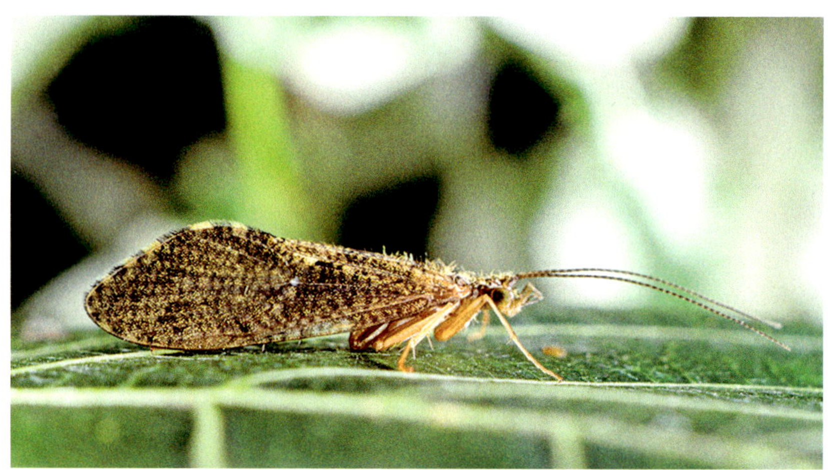

Rhyacophila dorsalis / Ronalds' Sand Fly

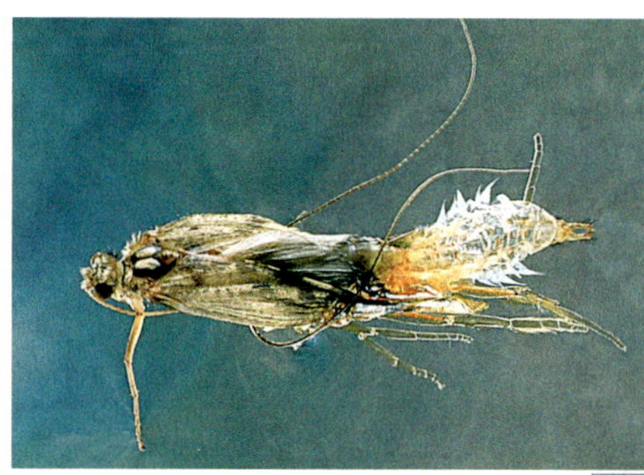

Hydropsyche sp. beim Schlupf

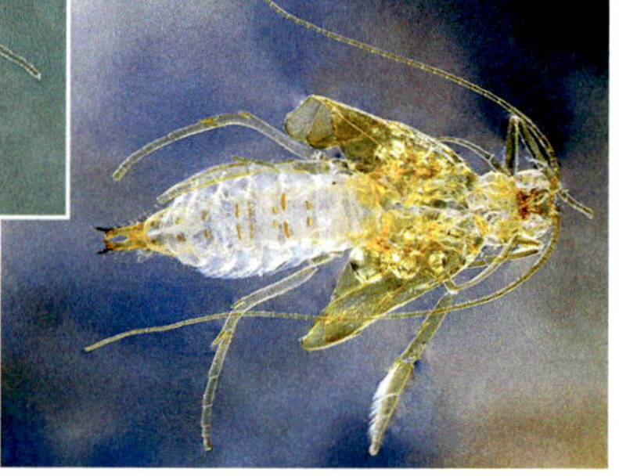

Leere Puppenhülle auf der Wasseroberfläche (*Hydropsyche* sp.)

Steinfliegen (Plecoptera)

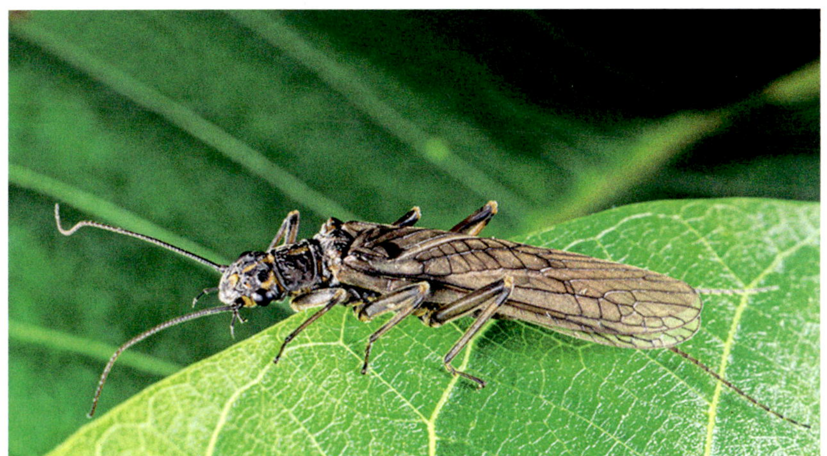

Perlodes microcephalus / Large Stonefly ♀

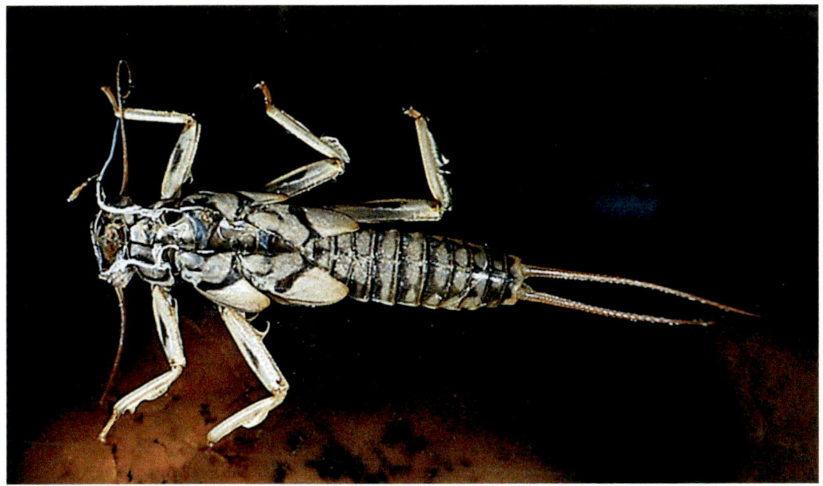

Leere Nymphenhülle einer großen Steinfliege (Familie Perlidae)

Hautflügler (Hymenoptera)

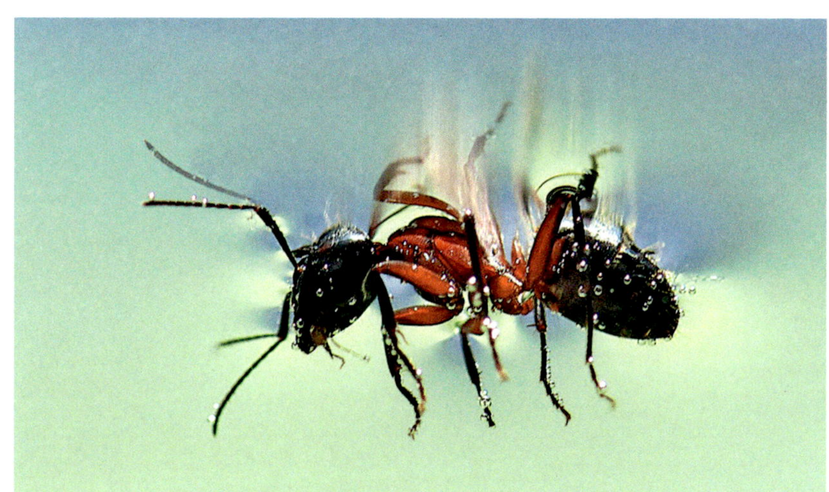

Ameise (Arbeiterin) auf der Wasseroberfläche

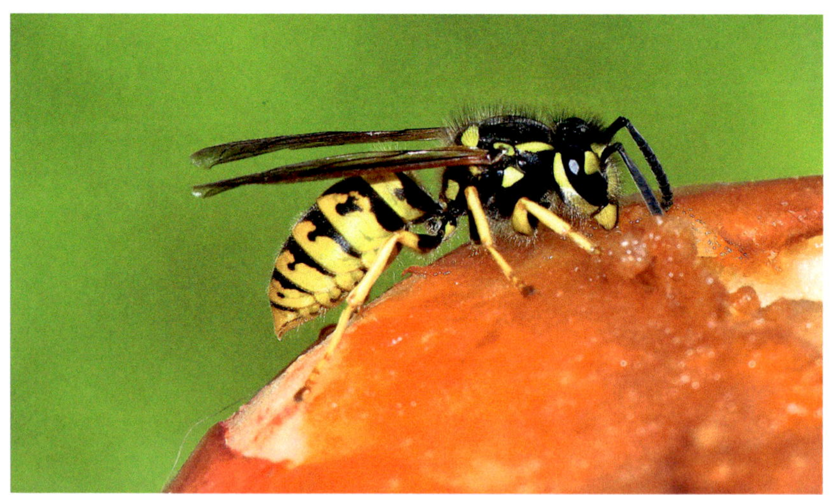

Wespe (Faltenwespe, Vespidae)

Käfer (Coleoptera)

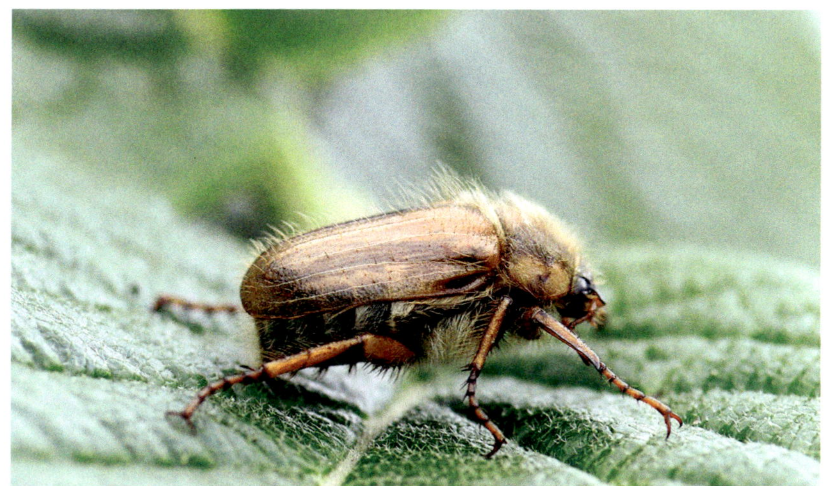

Junikäfer (*Amphimallon solstitiale*)

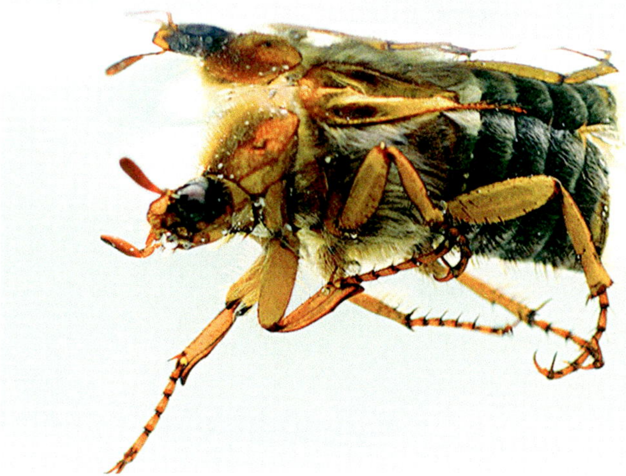

Junikäfer (*Amphimallon solstitiale*) in der Drift (von unten)

Zweiflügler (Diptera)

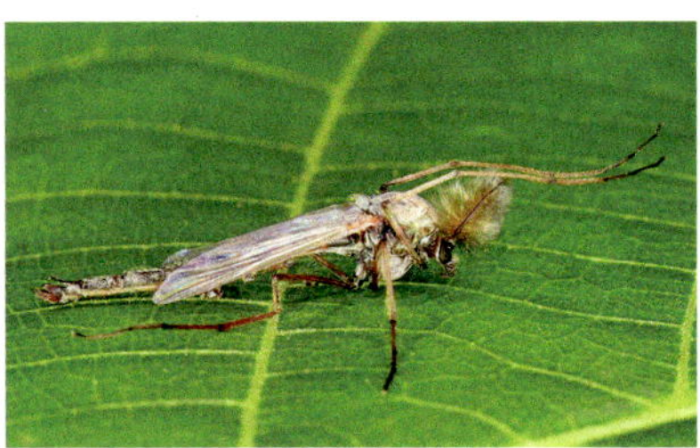
Zuckmücke ♂ (Familie: Chironomidae)

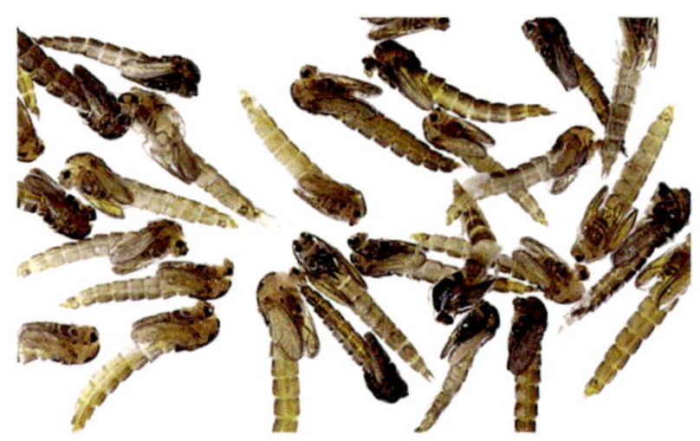
Zuckmücken – Puppen
(vom Mageninhalt einer Äsche)

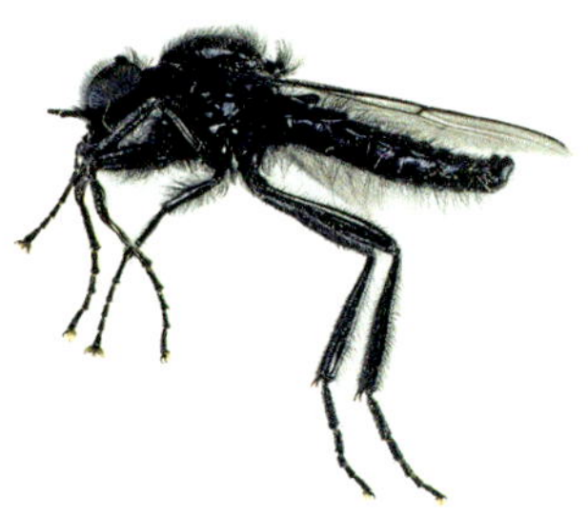
Hagedornfliege / *Bibio marci* / Hawthorn ♂
(Familie: Bibionidae)

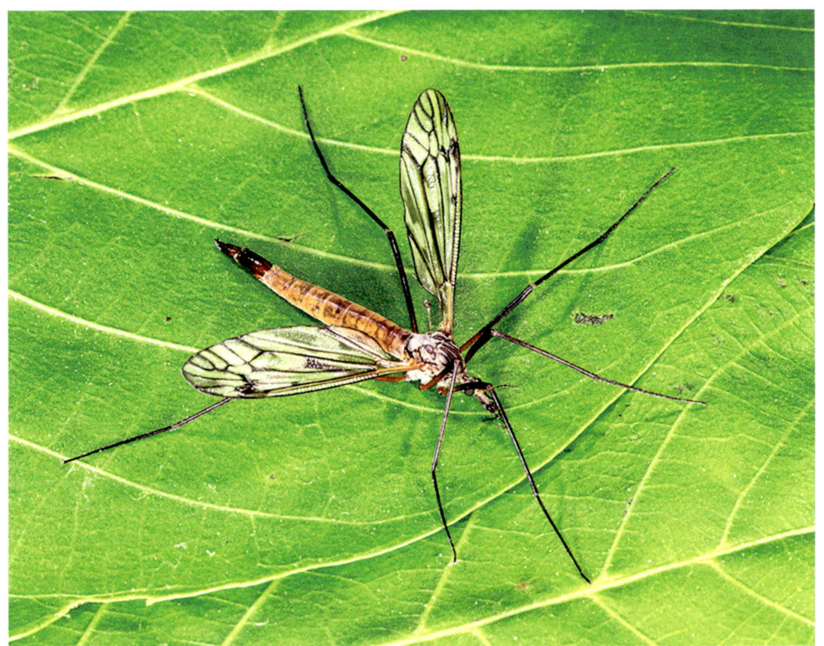

Schnake / *Tipula* sp. / Crane Fly ♀ (Familie: Tipulidae)

Wasserwanzen (Nepomorpha)

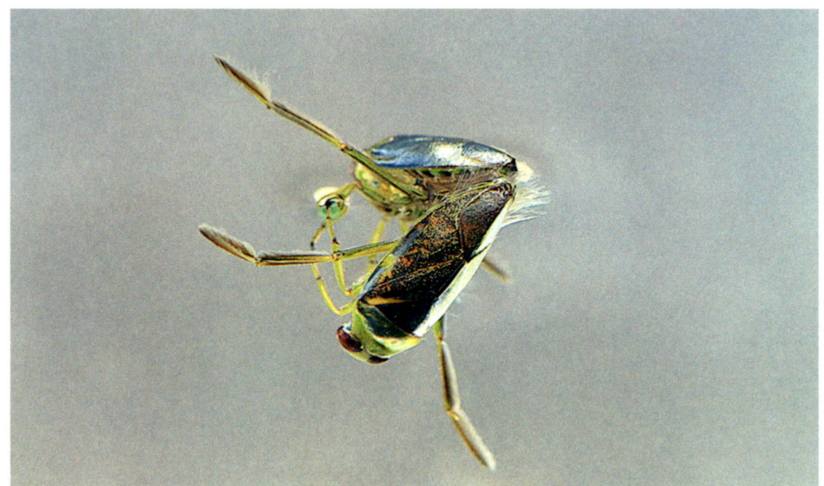

Rückenschwimmer / *Notonecta* sp. / Water Bug

Schlammfliegen (Megaloptera)

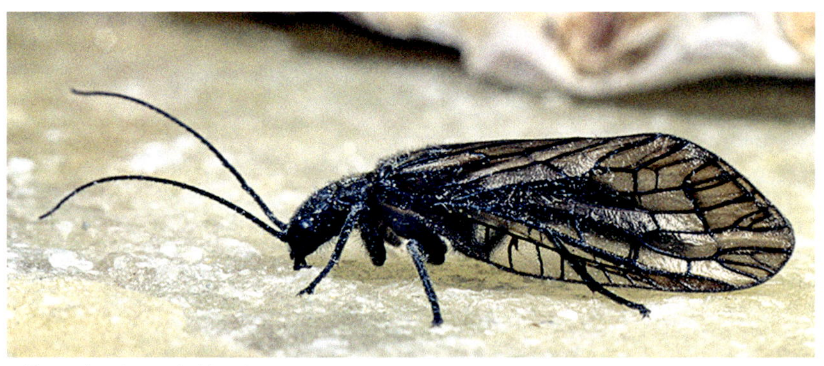

Erlfliege / *Sialis* sp. / Alder Fly

Fliegenmuster – die Grundtypen

Die schier unüberschaubare Vielfalt bekannt gewordener Fliegenmuster stellt den Anfänger vor scheinbar kaum überwindbare Probleme, verunsichert aber auch den fortgeschrittenen Flugangler nicht selten in seiner Wahl. Dabei ist der Ausweg aus dem Labyrinth von klassischen und neuen Phantasienamen vergleichsweise einfach, wenn man sich einiger Grundsätze bewusst wird.

Jedes Fliegenmuster ist durch seine Bindeweise, die verwendeten Materialien und deren Eigenschaften eindeutig charakterisiert. Auch lassen sich alle Kunstfliegen nach ihrer Bindeweise jeweils bestimmten funktionellen Gruppen zuweisen, die einerseits den Ansprüchen unterschiedlicher Präsentation entsprechen, andererseits aber auch für die Fängigkeit oder Ablehnung in einer bestimmten Situation entscheidend sein können. Die ursprüngliche Einteilung in Trockenfliegen, Nassfliegen und Nymphen hat durch die Entwicklung der letzten Jahrzehnte eine sinnvolle weitere Differenzierung erfahren, die wir Ihnen im Folgenden kurz vorstellen wollen. Diese Kenntnis der wichtigsten Fliegentypen ist auch deshalb von praktischer Bedeutung, da mitunter allgemein bekannte, klassische Muster (wie etwa die Märzbraune oder die Blue Winged Olive / BWO) in grundverschiedenen Bindeweisen – und damit unterschiedlichem funktionellen und imitatorischen Charakter – unter dem gleichen Namen angeboten werden. Sind einem jedoch die in diesem Taschenbuch geschilderten Grundsätze der Musterwahl einmal vertraut, kann man problemlos an Hand der empfohlenen und im Bild vorgestellten Fliegenmuster auch in Katalogen und dem Internet funktionell gleichwertige Muster erkennen und auswählen. Zur leichteren Orientierung werden deshalb vergleichbare Fliegen (oder andere, für die jeweilige Situation erfahrungsgemäß ebenfalls geeignete) auch in der Rubrik „Alternative Muster“ jeweils unter ihren traditionellen Anglernamen angeführt.

Trockenfliegen

Sie werden auf dem Wasserspiegel schwimmend angeboten. Die **Hecheltrockenfliege** weist hinter dem Köpfchen einen Kranz von Hechelfibern auf, der im rechten Winkel zum Hakenschenkel orientiert ist und zusammen mit den Schwanzfibern die Schwimmfähigkeit der Fliege garantieren soll (Seite 45), wobei der Körper selbst den Wasserspiegel nicht berührt. Dieser Fliegentyp entspricht der klassischen Trockenfliege im Sinne von Halford („dry and cocked“). Sein idealer Anwendungsbereich liegt in der Nachahmung von bei der Eiablage abdriftenden Eintagsfliegenweibchen, die besondere imitatorische Wirkung beruht wahrscheinlich auf dem zart gebundenen schwebenden Körper (der zugleich auch gespiegelt gesehen wird und dadurch eine spezielle Transparenz vortäuscht, die dem Vorbild weitgehend entsprechen dürfte). Bei manchen Mustern findet sich zusätzlich eine vertikales Flügelpaar (oder ein Hechel- oder Kunstfaserbüschel), das einerseits die Sichtbarkeit der Fliege für den Fischer erhöht, andererseits aber für den Fisch die – für Eintagsfliegen typische – Silhouette verstärkt (Seite 45). Durch Beschneiden der Unterseite des Hechelkranzes (∧-förmige Lücke) lässt sich auch eine andere Haltung der Fliege auf der Wasseroberfläche erzielen, die eher jener des Dun-Stadiums entspricht. Eine sehr alte Sonderform der Hecheltrockenfliege stellt der sogenannte **Palmer** dar, bei dem die Hechelwindungen sich über den ganzen Körper erstrecken (Seite 41). Derartige Muster sind extrem schwimmfähig und eignen sich besonders zur Nachahmung vergleichsweise massiver Beutetiere wie Käfer, aber auch größerer Eintagsfliegen Duns und mancher Köcherfliegen, sowie ganz allgemein für stärker bewegtes Wasser. Besonders gerne werden Köcherfliegen speziell mit dem Typ der **Buck Caddis** (Seite 49) nachgeahmt, die ebenso behechelt ist aber zusätzlich ein schräg bis annähernd horizontal orientiertes, V-förmiges Flügelpaar aus Rehhaar aufweist.

Eine besondere Stellung nehmen Fliegentypen ein, bei denen der Körper im Oberflächenfilm eingesunken präsentiert wird. So können Hechelfliegen entweder einen horizontalen Hechelkranz tragen (**Fallschirm**- oder **Parachute-Typ**, Seite 72) oder die Schwimmfähigkeit überhaupt durch ausgewählte Materialien (z.B. Entenbürzelfibern **CDC**) und Lufteinschluss erreichen (sogenannter **Aufsteiger**- oder **Emerger-Typ**, **Flymph** und **Paraloop**: Seiten 73, 55). Ebenso wie der **Fratnik-** oder **F-Fly-Typ** (Seite 75, in kleinen Größen auch eine gute Mückenimitation)[1] ahmen sie speziell die an der Oberfläche aus der Nymphenhülle schlüpfende Subimago oder Dun nach, mit etwas anderer Silhouette auch die aus der Puppenhülle schlüpfende Köcherfliege, die im Oberflächenfilm hängt.

Letzteres kann besonders gut durch den **Klinkhamer-Typ** (Seite 40) imitiert werden, wo ein waagrechter Hechelkranz mit einem langen, gebogenen Hakenschenkel kombiniert wird. Eine Sonderform der im Film eingesunkenen Trockenfliegen stellt der **Spent-Typ** dar (Seite 7), der nach der Paarung (bzw. Eiablage) abgestorbene Eintagsfliegen, meist speziell der Maifliege, nachahmt. Eine Andeutung dachförmig über dem Körper liegender Flügel (meist aus Haaren, Fibern oder Federspitzchen, seltener Federausschnitten) findet auch zur Imitation von Steinfliegen- oder Mückenmustern Anwendung (z.B. die Jungle Cock oder die Altière, Seite 69).

[1] In der Originalschreibweise ohne Bindestrich: „F Fly".

Nassfliegen

Sie werden unter dem Wasserspiegel angeboten und stellen entweder mit der Strömung abtreibende tote Insekten dar oder aktiv zum Schlupf aufsteigende Stadien von Eintagsfliegen, Köcherfliegen und Mücken. Dementsprechend erfolgt die Präsentation entweder stromauf und in freier Drift stromab, oder querüber und gezogen beziehungsweise gezupft, um das Aufsteigen nachzuahmen. Zur gezielten Nachahmung von Puppen und Nymphen werden heute allerdings meist spezielle Muster (siehe unten) den ursprünglichen Nassfliegenmustern vorgezogen. Die traditionelle Unterscheidung in **Hechelnassfliegen** (Seite 49) und **Flügelnassfliegen** (Seite 40) erscheint in imitatorischer Hinsicht eher nicht entscheidend für die Fängigkeit. Jedenfalls waren die klassischen geflügelten Nassfliegen speziell als Nachahmung jener Eintagsfliegen gedacht, deren Nymphen sich bereits am Gewässergrund von der Nymphenhülle befreien und daher als geflügeltes Insekt zur Wasseroberfläche aufsteigen. Typische Beispiele dafür sind die echte Märzbraune (March Brown; Rhithrogena germanica) und ihre Verwandten. Der **Spider-Typus** (Seite 67) ist durch einen besonders schütteren Hechelkranz aus langen und weichen Federfibern ausgezeichnet – in freier Drift soll er ein abgestorbenes Insekt nachahmen, auf Zug eine aufsteigende Köcherfliegenpuppe[1]. Auch sehr sparsam behechelte Fliegen vom Palmer-Typ können unter Wasser, meist in freier Drift, angeboten werden.

Puppen-Imitationen

Muster, die in Struktur, Form und Farbe speziell aufsteigende Köcherfliegenpuppen imitieren sollen, werden meist als **Pupa-Typ** (Seite 69) bezeichnet. Gefischt werden sie in Bächen und Flüssen vorwiegend schräg-stromauf und gezogen/gezupft beziehungsweise aufsteigend am Ende der Drift. Die Puppen von Mücken werden dagegen als **Buzzer-** oder **Midge Pupa-Typ** (Seite 79) unterschieden und im Stillwasser langsam aufsteigend (engl. „steady retrieve“) oder unbewegt, senkrecht im Oberflächenfilm hängend angeboten. Auch die – nicht mit Fliegengerät gefischte – sogenannte Hegene (Gambe) der Renken- oder Coregonenfischerei in Voralpenseen ahmt gezielt Puppen von Zuckmücken (Chironomidae) nach. Obwohl diese Insektengruppe auch in Fließgewässern in großer Zahl und hohen Individuendichten vorkommt – im Lunzer Seebach (Österreich) wurden zum Beispiel über 80 Arten und Dichten von mehr als 1500 Individuen pro Quadratmeter (Jahresschlupfrate)[2] nachgewiesen – werden sie von Fluganglern kaum gezielt imi-

[1] Bei Köcherfliegen ist die aufsteigende Puppe noch von einer feinen Puppenhaut umschlossen, die Flügel liegen daher nicht frei. Die (bei Zug) sich anlegenden Fibern der Spider-Muster vermitteln optisch diesen Eindruck einer durchscheinenden Hülle, die den ganzen Körper umgibt.

[2] Schmid P.-E. (1984). Die Chironomiden des Lunzer Seebaches. Jahresberichte der Biologischen Station Lunz 7: 107-140. [www.landesmuseum.at/pdf_frei.../JBLunz_1983]

tiert. Die Puppen der strömungsliebenden Fließwasserarten (Abbildung Seite 20) sind eher schlicht und düster gefärbt und deutlich kleiner als die typischen Hegenen oder die Buzzer der englischen „stillwater fisheries". Schlanke, schwarz oder grau-oliv gefärbte Muster in Hakengröße 16–18, können nur wenig abgesunken in freier Drift speziell im Frühjahr und Herbst erfolgreich angeboten werden. Am besten befischt man dazu die raschen, etwas tieferen Ausläufe seichter Rieselstrecken oder den Einlaufbereich tiefer Rinnen, die sich an überströmte Schotterbänke anschließen.

Nymphen

Nymphen werden ebenfalls unter Wasser angeboten und imitieren das letzte Larvenstadium von Eintagsfliegen, die schlüpfreife aufsteigende Nymphe (Seite 66). Nymphenmuster sind durch einen kurzen Schwanz und die betonte, dunkle Thoraxregion (Brustabschnitt) ausgezeichnet. Allerdings wurde der Begriff „Nymphe" häufig auch undifferenziert für unter dem Wasserspiegel angebotene Muster verwendet: So entsprechen einige von G.E.M. Skues (1858 – 1949), dem "Erfinder" der Nymphenfischerei, entwickelte Muster nach heutigem Verständnis eher dem Typus des Emergers, während die Pheasant Tail Nymph/PTN im Sinne von Frank Sawyer (1906–1980) und Oliver Kite (1920–1968) tatsächlich diesem Entwicklungsstadium entspricht. Emerger werden im Oberflächenfilm oder knapp darunter (in freier Drift) angeboten, Nymphen vorwiegend in mittlerer Wassertiefe in Drift und aufsteigend. Die beschönigende Bezeichnung "Nymphe" für stark beschwerte, in Grundnähe angebotene Muster kann dagegen nur als Unfug bezeichnet werden und schadet dem Ansehen der Nymphenfischerei.

Andere Muster

Imitationen von Brutfischchen (Lures und Streamer) oder reine Reizköder aus Haaren, Kunstfasern und Federn (Dog Nobbler) werden üblicher Weise zwar ebenfalls mit Fliegengerät gefischt, stellen aber keine Kunstfliegen im herkömmlichen Sinne dar und fallen daher nicht in den Rahmen dieses Taschenbuches. Auch die Erlaubnis zu ihrer Verwendung kann in Revieren, die ausschließlich der Fliegenfischerei vorbehalten sind (fly only), nicht immer als selbstverständlich vorausgesetzt werden.

Das Gleiche gilt für deutlich beschwerte oder überdimensionierte Muster.

Qualitätskriterien

Wesentliche Qualitätskriterien beziehen sich einerseits auf den **imitatorischen Wert** (Umriss, Proportionen, Transparenz und Haltung), andererseits auf die **Funktionalität** (Schwimm- bzw. Sinkfähigkeit, Haltbarkeit, Hakfähigkeit und Sichtbarkeit) eines Musters. Wer seine Fliegen selbst bindet kann sich natürlich bemühen, allen diesen Anforderungen bindetechnisch entsprechend gerecht zu werden. Wer dagegen auf käufliche Muster angewiesen ist, kann nur einen Teil der Kriterien vor dem Kauf überprüfen. Die wesentlichsten sollen im Folgenden kurz behandelt werden:

Das Hakenöhr muss absolut frei von Lack- und Klebstoffresten sein. Das Köpfchen soll nicht zu groß, sauber gebunden und konisch zulaufend sein, der Lacküberzug dick, glänzend und hart. Bei Hechelfliegen sollte der Durchmesser des Hechelkranzes (senkrecht oder waagrecht) bei kleinen Mustern die Körperlänge (ohne Schwanz) nicht wesentlich übersteigen, bei großen Mustern jedenfalls unter der doppelten Körperlänge bleiben (ausgenommen Spider: hier imitieren die bei Zug sich anlegenden Fibern eine tropfenförmige transparente Körperhülle). Federflügel (oder der "wingpost" bei Fliegen des Fallschirm-Typs) sollen die Körperlänge nicht überschreiten. Der Schwanz käuflicher Muster ist oft viel zu dicht und wirkt daher auch zu massiv, wenige (5-7) Fibern reichen in jedem Falle aus. Die Schwanzfäden sollten leicht aufgespreizt und waagrecht eingebunden exakt in der Verlängerung des Hakenschenkels liegen (nicht nach oben oder unten weisen), ihre Länge sollte bei Trockenfliegen maximal 100-120% (bei Nassfliegen und Nymphen 30%-50%) der Körperlänge betragen. Tierhaare und Hecheln dürfen nicht beschnitten (eingekürzt) sein, Hechelfibern an Trockenfliegen müssen glänzend, steif und elastisch sein – sie kitzeln an den Lippen, und auf die Tischplatte fallen gelassen springen gut behechelte Fliegen wieder in die Höhe. Hecheln an Nassfliegen dagegen wirken farblich stumpf (durch feinste Nebenäste) und sind weich und biegsam. Die Haken dürfen sich nicht leicht verbiegen lassen oder spröde sein, sodass womöglich schon beim Andrücken des Widerhakens die Hakenspitze bricht. Wenn man den Widerhaken entfernt wird die Zange übrigens in der Ebene von Hakenbogen und Spitze angesetzt und nicht im rechten Winkel zum Haken.

Farbliche Übereinstimmung mit dem natürlichen Vorbild kann ästhetisch durchaus reizvoll sein ist aber in der Regel ansonsten bedeutungslos. Wesentlich ist allerdings bei manchen Mustern die Hell- Dunkel-Verteilung. Ebenso kann die Verwendung gesprenkelter Fibern (Grizzly, Krickente / Teal), auch als geringe Beimischung, den Gesamteindruck eines Musters oft lebendiger erscheinen lassen. Ein kleiner Anteil an CDC-Fibern an der rechten Stelle hilft manchmal den oft zu scharfen Umriss vieler Kunstfasern diffus und recht naturnah aufzulösen. Handelsübliche Nassfliegenmuster sind häufig viel zu voluminös und Nymphen zu stark beschwert, doch finden sich (vor allem im oberen Preissegment amerikanischer und englischer Anbieter) auch durchaus korrekt gebundene Muster guter Qualität.

Die Fische und der Flugangler

Grundsätzlich können beinahe alle Fischarten auch mit Fliegengerät und mit der künstlichen Fliege gefangen werden. Die Fliegenfischerei im herkömmlichen Sinn widmet sich allerdings in Mitteleuropa fast ausschließlich dem Dreigespann Bachforelle (*Salmo trutta*), Regenbogenforelle (*Oncorhynchus mykiss*) und Äsche (*Thymallus thymallus*), nur sehr lokal und gelegentlich auch dem (aus Amerika eingeführten) Bachsaibling (*Salvelinus fontinalis*) oder dem seit jeher einheimischen Seesaibling (*Salvelinus alpinus*).

Die Bachforelle

Bachforellen sind ausgesprochen territorial, das heißt, jeder Fisch beansprucht einen Raum, der möglichst nahe (aber außerhalb) der Hauptströmung liegt, gute Deckung nach oben bietet, sich leicht gegen Artgenossen verteidigen läßt und ein möglichst reiches Nahrungsangebot aufweist. Das Nahrungsspektrum der Bachforelle ist äußerst breit und reicht von winzigen Insekten bis hin zu Fischen, Amphibien und Kleinsäugern von respektabler Größe. Der Anteil der Insektennahrung wechselt stark je nach Gewässer und Jahreszeit, in vielen Situationen werden etwas größere Muster (etwa Hakengröße 12) bevorzugt. Grundsätzlich nehmen Bachforellen jedes lohnende Beuteobjekt, wenn es sich in bequemer Reichweite befindet sodass ein Verlassen der Deckung nicht nötig ist; nur ausnahmsweise werden Beutetiere über eine größere Strecke verfolgt oder Rivalen vertrieben. Größere Wassertiefe (> 1 m) ersetzt bis zu einem gewissen Grad das Bedürfnis nach Deckung von oben. Gerade starke Fische verlassen in der Dämmerung und in der Nacht häufig ihre Tageseinstände und suchen auch Flachwasserzonen mit reichhaltigem Nahrungsangebot zur Nahrungssuche auf. Auf Beute lauernde oder jagende Bachforellen halten sich meist in der Wassertiefe des größten Angebots auf und stehen daher (in guter Deckung) oft knapp unter der Wasseroberfläche, wenn Anflugnahrung oder antreibende Insekten gerade in größerer Menge verfügbar sind.

Für den Flugangler ergibt sich daraus, dass Tageszeit und Art des natürlichen Nahrungsangebots die Fangaussichten mit der künstlichen Fliege entscheidend beeinflussen. Im freien Wasser tief stehende Bachforellen steigen fast nie auf die Trockenfliege (im Gegensatz zur Äsche!), während Fische

rechte Seite: Kein Schneegestöber – Eintagsfliegen! (*Tricorythodes* sp. /Missouri River, USA)

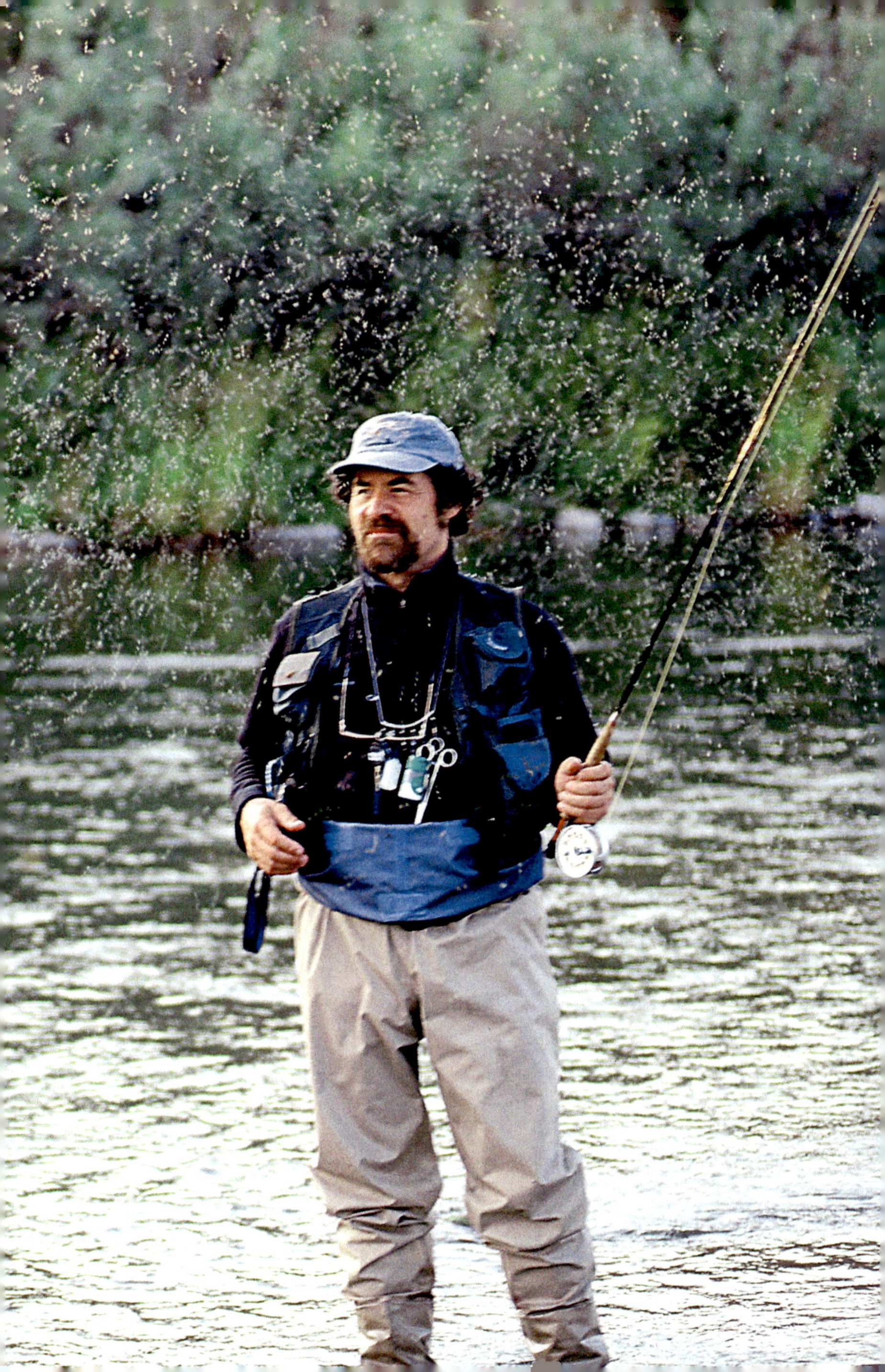

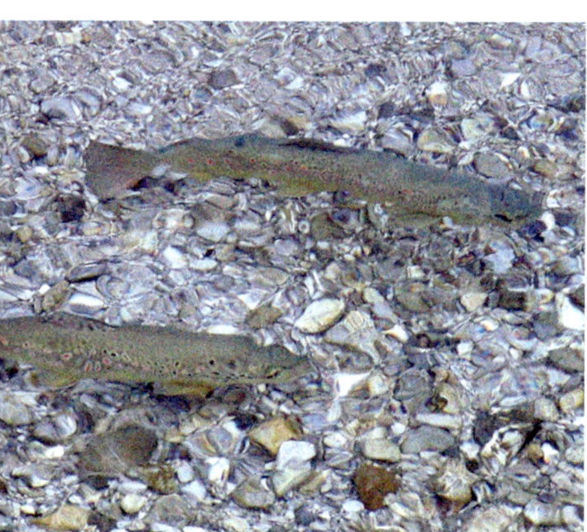

Bachforellen auf der Laichgrube

im unmittelbaren Uferbereich ein genau plaziertes und unverdächtig im Rückstrom treibendes Muster auch tagsüber meist unbedenklich nehmen. Die Präsentation – zielgenau, ohne in der Deckung hängen zu bleiben und möglichst langes Verweilen der Fliege ohne jedes dregging – verlangt vom Angler höchstes technisches Können, die imitatorischen Ansprüche an das verwendete Muster sind in diesen Fällen vergleichsweise gering. Es ist jedoch auf Schwimmfähigkeit und gute Sichtbarkeit zu achten, um die korrekte Präsentation beurteilen und den oft fast unmerklichen Anbiß erkennen zu können, bevor der Fisch das als ungenießbar erkannte Muster wieder ausspuckt. Am frühen Morgen und in der Abenddämmerung steigen Bachforellen im seichten Wasser meist auch dann gierig nach der unverdächtig angebotenen Trockenfliege, wenn sie vorwiegend Brütlinge jagen oder Bodennahrung aufnehmen. Nur bei einem entsprechend starken Schlupf von Eintagsfliegen oder Köcherfliegen, der in den Sommermonaten erst am späten Abend einsetzt, stehen auch starke Bachforellen relativ hoch im freien Wasser. Die hohe Dichte gleichartiger Beutetiere führt in diesen Fällen zu entsprechender Selektivität der Fische, und der Musterwahl in Verbindung mit der geeigneten Präsentation kommt nun höchste Bedeutung zu. Im Frühjahr schlüpfen verschiedene Eintagsfliegenarten (der Gattungen *Baetis* und *Rhithrogena*) vorwiegend um die Mittagszeit in stärker bewegtem Wasser zwischen oder am Ende von überronnenen Schotterbänken - sowohl der Schlupf als auch die guten Fische sind im bewegten Wasser kaum zu erkennen und werden daher von den meisten Anglern übersehen. Speziell größere Bachforellen reagieren auf jede Form der Beunruhigung durch Flucht oder stellen sich auf Grund, in jedem Falle aber stellen sie jede Nahrungsaufnahme ein. Auch das Überwerfen steigender Fische, ja selbst der auf das Wasser fallende Schatten der Flugschnur, machen meist jede Chance auf einen Anbiss zunichte. Auch und gerade während Phasen starker Steigaktivität, etwa in der Maifliegenzeit, gilt die bekannte Regel, dass nur der (möglichst perfekte) erste Wurf zum Anbiss führt und weitere Versuche auf den gleichen Fisch so gut wie sinnlos sind. Der Wahl des imitatorisch besten Fliegenmusters kommt fast nur bei Massenauftreten eines gerade vorherrschenden Beutetieres entscheidende Bedeutung zu.

Die Regenbogenforelle

Im Gegensatz zur Bachforelle sind Regenbogenforellen deutlich weniger territorial und bei der Nahrungsaufnahme zu allen Tageszeiten viel häufiger im freien Wasser anzutreffen. Das Nahrungsspektrum ist ähnlich der Bachforelle, doch scheinen größere Beutetiere einen kleineren Anteil einzunehmen. Auch große Exemplare werden nicht selten auf winzige Mückenpuppen-Imitationen gefangen. Bevorzugte Standplätze sind einerseits ruhigere Wasserstrecken und Rückläufe, doch stehen Regenbogenforellen auch gerne in scharfer Strömung und am Rand von Strömungskanten. In ruhigen Bereichen sind Regenbogenforellen oft in ständiger Bewegung und patrouillieren ein Gebiet bei der Nahrungsaufnahme regelmäßig ab, was sich auch in der englischen Bezeichnung „cruiser" (Kreuzer) für solche Fische widerspiegelt. Die Bindung an fixe Standplätze und deren regelmäßiger Wechsel in Abhängigkeit von den Lichtverhältnissen ist wenig ausgeprägt. Interessanter Weise sind Regenbogenforellen weit eher bereit, eine potentielle Beute auch über längere Strecken zu verfolgen und gezogene Muster stoßen dementsprechend seltener auf Ablehnung. Während in Talsperren („stillwater fisheries") und Teichen im Herbst eine Umstellung der Ernährung hin zu Fischbrut festzustellen ist sind in Flüssen mit reichem Insektenvorkommen auch in dieser Jahreszeit schlüpfende Eintagsfliegen vor allem zur Mittagszeit und in den frühen Nachmittagsstunden eine wichtige Nahrungsquelle. Der Wahl des imitatorisch besten Fliegenmusters kommt je nach dem gerade vorherrschenden Beuteschema unterschiedlich große Bedeutung zu.

Die Äsche

Ähnlich der Regenbogenforelle sind Äschen vorwiegend im Freiwasser zu finden und suchen nur ausnahmsweise

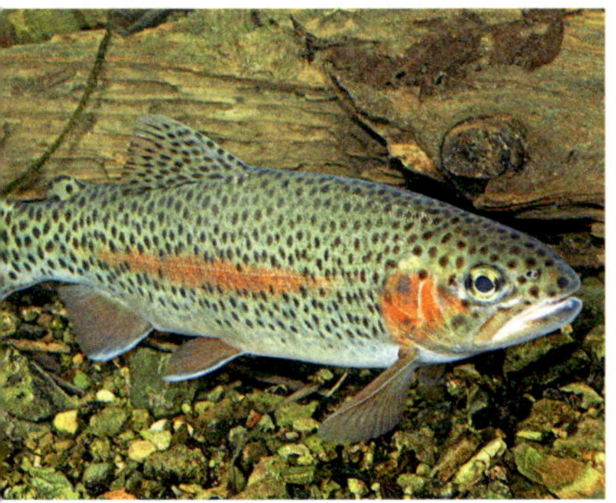

Regenbogenforelle

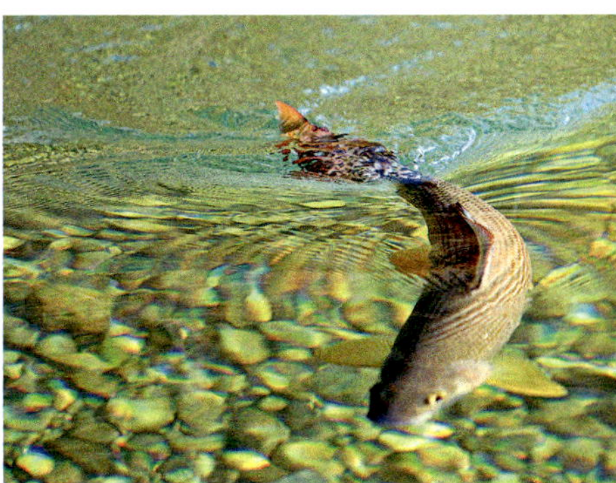

Äsche

Deckung in Ufernähe auf. Einen wesentlichen Teil des Nahrungsspektrums nehmen Insekten und deren Larven ein, wobei die Größe der einzelnen Beutetiere deutlich geringer ist als bei der Bachforelle. Entsprechend werden, speziell während der Herbstsaison, vor allem kleine und kleinste Muster (Hakengröße 18-20) erfolgreich angeboten. Ganz allgemein kommt der Wahl des richtigen Fliegenmusters große Bedeutung zu. Die Nahrungsaufnahme scheint vorwiegend tagsüber zu erfolgen, Fänge von Äschen in der Morgen- und Abenddämmerung gehören eher zu den sehr seltenen Ereignissen. Auch während Phasen intensiver Nahrungsaufnahme stehen Äschen normaler Weise tief und kehren nach dem Steigen immer wieder auf ihren Standplatz in Grundnähe zurück. Der Steigvorgang benötigt daher deutlich mehr Zeit als bei Bachforellen und Regenbogenforellen, die während der Aktivitätsphasen in den oberen Wasserschichten stehen. Der Ring, den eine an der Wasseroberfläche aufnehmende Äsche verursacht, liegt daher immer deutlich flussab von ihrem Standplatz, was beim Service entsprechend berücksichtigt werden muss. Tut man dies nicht, verweigert die Äsche scheinbar das Muster – in Wahrheit steigt sie allerdings nur deshalb nicht, weil das Muster im Sichtfenster des Fisches so knapp vor ihm auftaucht, dass er das Muster in der Abdrift nicht erreichen würde. Auch steigende Äschen verfehlen nicht selten eine Fliege, wenn diese bereits die Grenze des jeweiligen Aktionsradius erreicht hat und hinaustreibt, bevor der Fisch sie nehmen konnte. Erhöht man daraufhin im nächsten Wurf die Vorhaltedistanz bringt man die Äsche fast immer zum Anbiss. Bevorzugte Standplätze sind kleine Vertiefungen im Flussgrund oder Hindernisse, an denen sich die Strömung bricht, speziell auch die Kanten, an denen Schotterbänke zur Tiefe abbrechen und die Ränder tiefer, schneller Rinnen. Auch tiefe, langsame und spiegelglatte Züge sind beliebte Standplätze, an denen allerdings ein versunkenes feines Vorfach und absolut fehlerlose Präsentation unabdingbar sind; die kleinste unnatürliche Bewegung, zu langsame oder zu schnelle Drift führen dann unweigerlich zur Ablehnung der Fliege. Auch zu große Muster werden im Herbst und Winter konsequent verweigert. Dagegen scheint die Äsche gegenüber Beunruhigung deutlich weniger empfindlich zu sein und auch wiederholter Service auf den gleichen Fisch schmälert die Chancen auf einen Anbiss meist nicht entscheidend, wenn endlich doch noch eine wirklich perfekte Präsentation gelingt. Zusätzlich kommt der Wahl des imitatorisch besten Fliegenmusters in vielen Situationen entscheidende Bedeutung zu. Im späten Frühjahr und Frühsommer steigen dagegen besonders auch sehr starke Äschen oft begierig und wenig wählerisch auf größere Muster. So kann man gerade nach dem Ende der Laichzeit im Rückstau von Gumpen und Wehranlagen oft die sogenannten „Schlagwasser-Äschen“ beobachten, die in Aufströmungen (Wasserwalzen) knapp unter der Oberfläche stehen und fast unausgesetzt Nahrung aufnehmen. Im Interesse einer nachhaltigen fischereilichen Bewirtschaftung

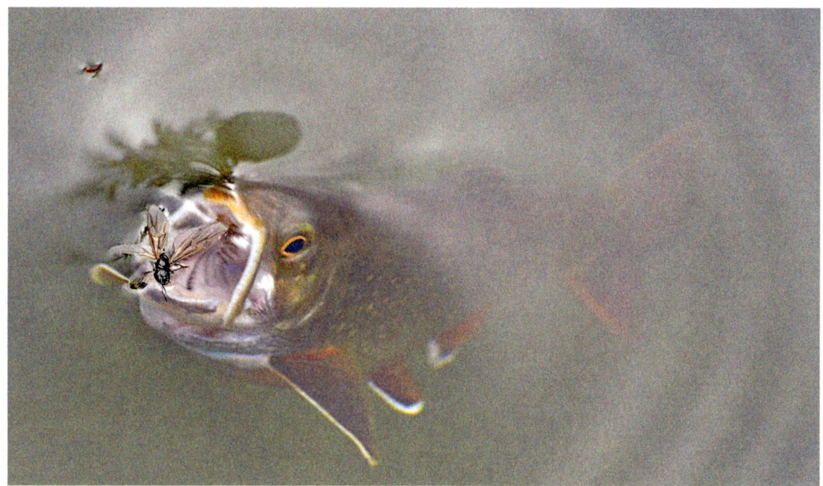

Bachsaibling

nimmt die jeweilige Fischereiordnung darauf Rücksicht und beschränkt sinnvoller Weise die gezielte Befischung und eventuelle Entnahme von Äschen strikt auf den Spätsommer und Herbst.

Bachsaibling und Seesaibling

Der (amerikanische) Bachsaibling wird – wo er in Bächen absichtlich oder zufällig besetzt vorkommt - meist eher als Beifang während der Fischerei auf Bach- und Regenbogenforellen erbeutet. Spezielle Fliegenmuster gelangen kaum zur Anwendung, entsprechend seiner meist ganzjährigen Aktivität und aggressiven Revierverteidigung sind gerade gezogene Muster und Reizfliegen oft erfolgreich. Der bewusste Besatz mit Bachsaiblingen, speziell in Gewässern mit Bachforellenbestand, ist aus heutiger Sicht abzulehnen und eine Ausbreitung in bisher nicht besiedelte Gewässer aus ökologischen Gründen nicht wünschenswert.

Der in höher gelegenen Seen im Alpenraum einheimische Seesaibling wird nur sehr lokal mit der Flugangel befischt; überwiegend liegt sein Lebensraum in größerer Tiefe und nur selten finden sich fangbare Fische in Bereichen, die der herkömmlichen Fliegenfischerei zugänglich sind. Auf steigende Fische sind bisweilen Ameisen-Muster (Seite 70) und leicht abgesunken oder im Film präsentierte Mücken-Nachahmungen erfolgreich (Seite 67). Auch gezogene Nassfliegen und Spider Muster (etwa **Teal & Orange**) haben sich bewährt.

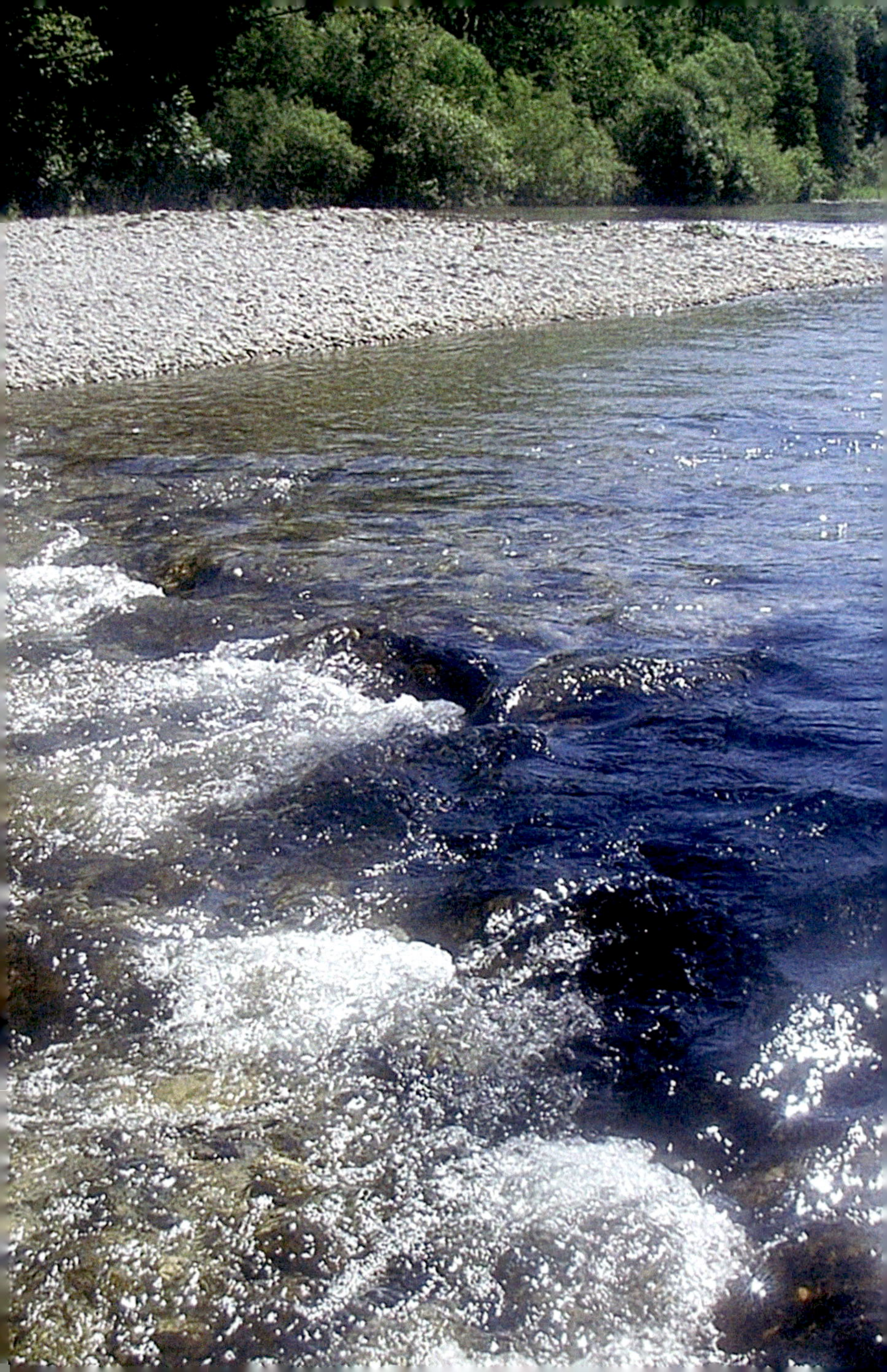

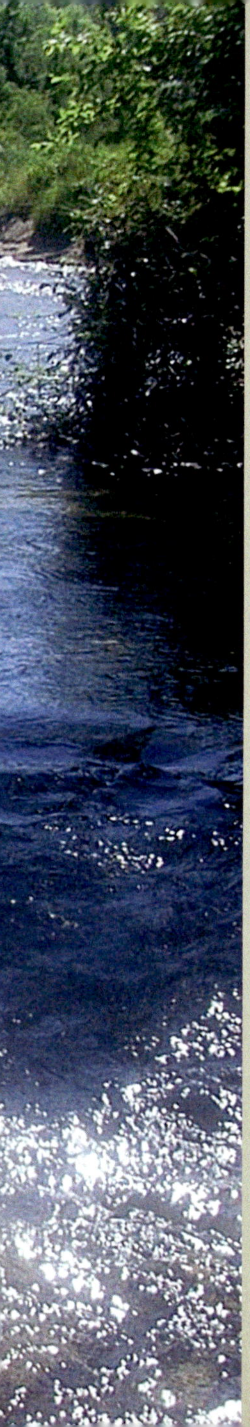

Die Gewässer

Bäche

Flüsse

Seen

Besondere Situationen

Bäche

Bäche im Sinne des Fliegenfischers sind kleinere Fließgewässer der oberen und unteren Forellenregion (Epi- und Metarhithral), seltener der Äschenregion (Hyporhithral). Aus Gründen ihres sehr unterschiedlichen Insektenvorkommens werden hier die Bäche des Hügellandes und der Voralpen, Gebirgsbäche (Seite 42), Braunwasserbäche (Seite 46), Kreidefluss-ähnliche Bäche oder „chalk streams" (Seite 50) und Mühlbäche / Werkskanäle (Seite 56) jeweils gesondert behandelt.

Wenngleich Forellen und Äschen auch in dem darauf folgenden Abschnitt, der Barbenregion (Epipotamal) noch vorkommen können, so spielt doch das Flugangeln auf Salmoniden in diesen Gewässern praktisch meist keine Rolle mehr.

Bäche des Hügellandes und der Voralpen

Die mittlere Gewässerbreite liegt zwischen etwa 1–5 Meter, der mittlere Durchfluss beträgt zwischen 0,5-5 m^3/s (500-5000 l/s) und die Wasserführung hängt großteils von Regenfällen ab (pluviales Regime), Schnee-Schmelzwasser führen sie nur während einer kurzen Zeit im Vorfrühling. Ihr Verlauf (im natürlichen Zustand) ist mehr oder weniger schlängelnd (mäandrierend), weshalb Prall-Ufer mit Kolk und seichtes Gleit-Ufer, sowie nachfolgende Rieselstrecken, in rascher Folge wechseln. Naturbelassene Ufer weisen oft eine beidufrige Bestockung mit Baumvegetation (Erlen, Weiden, Eschen) und Staudenfluren auf, die inneren Äste der Baumkronen von beiden Ufern treffen einander (Kronenschluss) über dem Wasserlauf, der daher oft optimale Beschattung aufweist. Speziell an den Prall-Ufern sind reiche Wurzelbärte entwickelt, die Wassertiefe wechselt rasch. Die Bachsohle ist reich und kleinräumig gegliedert, vorherrschendes Substrat ist oft grober Kies, doch sind alle Substrattypen (von Feinschlamm, Sand, Kies, Schotter bis gewachsener Fels) vertreten und mosaikförmig verzahnt. Der geologische Untergrund ist meist Kalk oder Flysch, seltener Sandstein oder Schlier, nicht aber Granit (Bäche über Granitgrund: Seite 46).

Speziell im nördlichen Deutschland und in Holland, vereinzelt aber auch in Österreich und dessen Nachbarländern, treten naturbelassene Flachlandbäche mit fast baumlosen Ufern und wesentlich geringerer Strukturierung auf. Die relativ einförmige Bachsohle kann moorig, sandig oder kiesig sein, die Wasserführung ist oft stark vom Grundwasser beeinflusst. Gewässer dieser Art bieten dem Fliegenfischer bezüglich Anbietetaktik und Präsentation Bedingungen, die denen an Flüssen recht ähnlich sind. Auch in Hinblick auf vorkommende Insektengruppen und geeignete Fliegenmuster sind derartige Bäche am ehesten mit Flüssen vergleichbar (Seite 66), vereinzelt kommt es zu Massenauftreten von Maifliegen (Seite 15). Soweit die Ufersäume naturbelassen sind können auch Terrestrials (v.a. Heuschrecken, Ameisen und Käfer) im Sommer eine größere Rolle spielen.

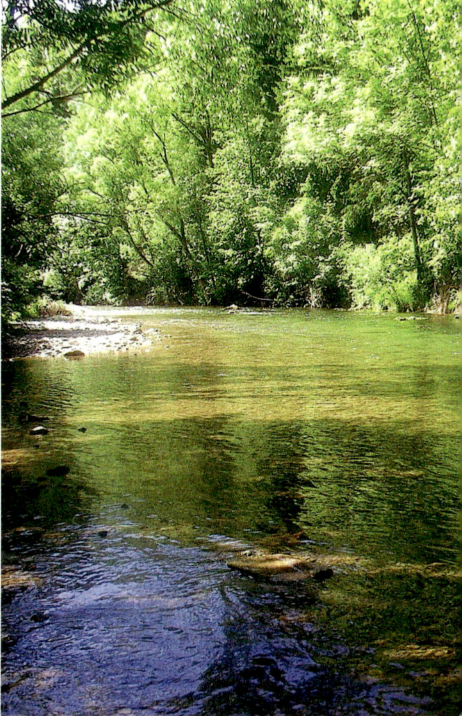

Bach im Hügelland (Kleine Erlauf, Österreich)

Anbietetaktik und Präsentation

Auf Grund der eingeschränkten Wurfdistanzen (Vegetation, Gewässerverlauf) und der Scheuchwirkung des Anglers ist eine sinnvolle Befischung fast nur stromauf möglich. Langsames und vorsichtiges Begehen des Ufers oder Waten dicht am Ufer (unter möglichster Vermeidung von Wellenschlag) und scharfe Beobachtung Nahrung aufnehmender Fische sind unumgängliche Voraussetzungen eines interessanten Fischtages, der vergleichbar der vorsichtigen Pirsch des Jägers ablaufen kann. Solange die Vegetation nicht entwickelt ist (durchgängige Belaubung) ist die Befischung oft extrem schwierig und wenig lohnend. Mit dem Beginn der Schonzeit für Bachforellen endet in naturnahen Bächen sinnvoller Weise die Befischung. Zeiten besonderer Fressaktivität sind wenig ausgeprägt, die Fische nehmen fast den ganzen Tag über Nahrung auf, die frühen Morgenstunden sind meist erfolgreicher als der (wenig auffällige) Abendsprung.

Bei höherem Befischungsdruck sinken die Chancen auf einen reizvollen Fischtag meist deutlich und gravierende ökologische Folgeschäden (Überfischung, Fremdbesatz) treten in diesem doch recht beschränkten Lebensraum oft schnell und überraschend ein. Naturnahe Bäche können dem Fliegenfischer unvergesslich besinnliche Stunden gewähren, sie sollten in jedem Fall aber nur sehr vorsichtig befischt und nachhaltig bewirtschaftet werden. Als natürliche Aufzuchtbäche für kleinere Flüsse werden Zubringer bis 0,75 m^3 Wasserführung

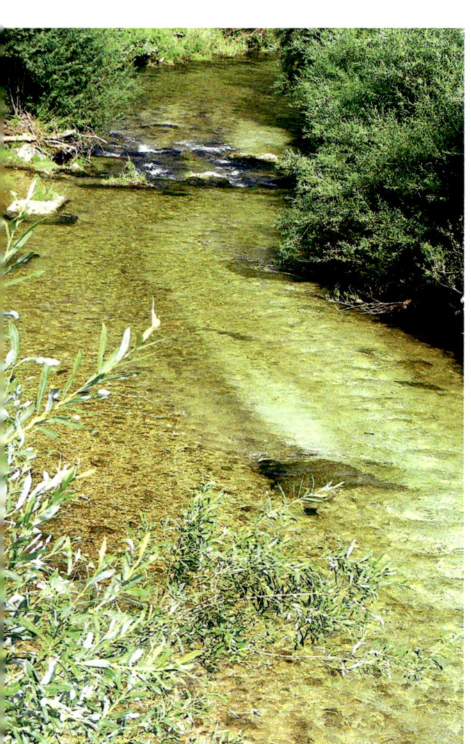

Bach im Alpenvorland (Weissenbach, Österreich)

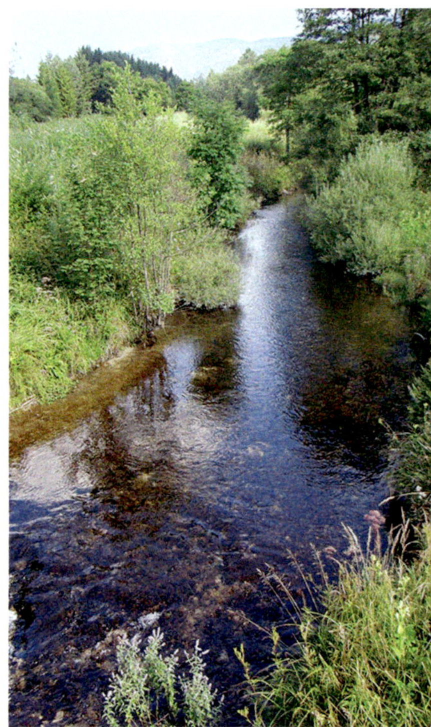

Bach im Alpenvorland (Zellenbach, Österreich)

am besten von jeglicher Befischung ausgenommen – dann stellen sie ein fast unerschöpfliches Reservoir an naturgewachsenen Wildfischen für das Hauptgerinne dar.

Natürliche Vorbilder

Hier sind fast alle Gruppen von Wasserinsekten zu finden. Von der Biomasse her sind meist Eintagsfliegen und Köcherfliegen am bedeutendsten, Steinfliegen treten deutlich zurück. Einige Libellenarten, wie etwa die Blauflügel-Prachtlibelle (*Calopteryx virgo*), sind zwar typische Bewohner naturnaher Bäche haben aber fischereilich keine Bedeutung. Das gleiche gilt im Allgemeinen für Zweiflügler (Mücken), obwohl deren Larven in manchen Bachabschnitten hohe Biomassen erreichen. Dagegen machen verschiedenste Landinsekten in allen Stadien sowie weitere Tiergruppen (Würmer, Schnecken, Bachflohkrebse u.a.) meist einen wesentlichen Anteil des Nahrungsspektrums aus.

Muster

Das Nahrungsangebot für Fische ist hier extrem vielfältig und Landinsekten (Terrestrials) haben eine viel größere Bedeutung als in anderen Gewässern. Da es kaum zu Massenschlüpfen kommt sind solche Muster, die speziell ein bestimmtes Stadium einer bestimmten Art gezielt nachahmen, wenig sinnvoll. Maifliegen (*Ephemera danica*) kommen oft das ganze Jahr über vereinzelt vor, gezielte Imitation ist aber nur in Einzelfällen erfolgreich. Grundsätzlich können Muster ein wenig größer angeboten werden und Hakengröße 12 kommt auch der Sichtbarkeit entgegen. Meist steigen die Fische gut, mit relativ buschig gebundenen Trockenfliegen (Gr. 16) fischt man vor allem Wurzelvorhänge entlang von Tiefstellen, die Kolkeinläufe und unterspülte Uferkanten ab. Die Rieselstellen sind wegen ihrer geringen Tiefe meist keine Standplätze für maßige Fische. In guter Deckung stehen allerdings gerade Bachforellen oft auch in sehr seichtem Wasser, sind dort aber extrem scheu und empfindlich gegen alle Störungen. Im Frühjahr, vor dem Auftreten der vielfältigen Landinsektengruppen, und an kühlen und regnerischen Tagen können auch (gering beschwerte!) Nymphen (Pheasant Tail Nymph) oder Nassfliegen (Black & Peacock Spider) auf Sicht stromauf angeboten werden, besonders geeignet sind dazu die spärlich behechelten Muster der sogenannten North-Country Flies (Pritt 1886), etwa die **Partridge & Green** oder die **Waterhen Bloa.** Steigende Fische können in dieser Zeit am ehesten mit kleinen dunklen Mustern wie der **Black Midge** (Gr. 16-18) erfolgreich überlistet werden; entdeckt man abtreibende Eintagsfliegen-Subimagines (Duns) sind entsprechende Imitationen (**Olive Dun**, **Kite's Imperial**, **Greenwell's Glory**) in passender Größe (Gr. 14) sinnvoll. Das Auftreten der Hagedornfliege (Gattung *Bibio*, Seite 20) leitet für den Fliegenfischer am Bach den Sommer ein. Das reiche und vielfältige Insektenangebot macht dann die Fliegenwahl in den meisten Bächen unproblematisch. Gewöhnlich steigen die Fische gut und etwas größer gebundene Muster (Gr. 12) werden gerade von Bachforellen gerne genommen, **Palmer** oder die **Coch-y-Bondhu** sind fast universell verwendbar. Verweigert ein ausgemachter guter Fisch die angebotene Fliege so führt ein kleines, spärlich gebundenes Ameisen-Muster (Seite 70) oft noch zum Anbiß. Ein ganzjährig gut verwendbares Muster stellen Bachflohkrebs-Imitationen in graugelben oder schmutzig-orangen Varianten dar, die – am besten ebenfalls unbeschwert gebunden – stromauf entlang von Wurzelbärten angeboten werden. Mit dem Beginn der Schonzeit für Bachforellen endet in naturnahen Bächen sinnvoller Weise die Befischung.

In Gewässern mit einem entsprechenden Bestand an Regenbogenforellen gleicht sich die Musterwahl im Herbst weitgehend den Verhältnissen an Flüssen an (Seite 74), doch machen Laubfall und mangelnde Deckung für den Flugangler die Befischung an den meisten Bächen schwierig und nur wenig attraktiv.

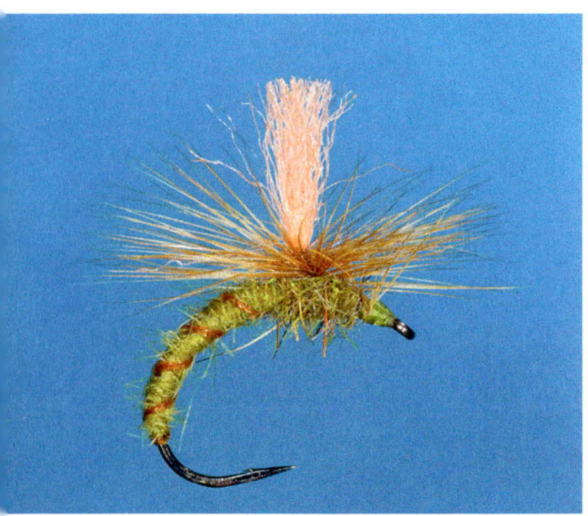

Olive Dun Klinkhamer

Körperlänge: ca. 10 mm / Hakengröße: 12

Natürliche Vorbilder: Eintagsfliegen / Olive Duns

Präsentation: trocken

Gewässer: Bäche, Flüsse
(Text: Seite 39)

Alternative Muster: Kite's Imperial, Split-Wing Emerger, Greenwell's Glory, Rough Olive (Halford's)

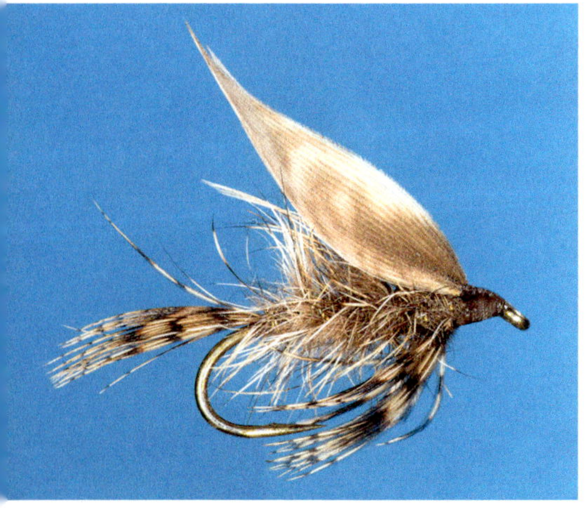

Märzbraune

Körperlänge: ca. 10 mm / Hakengröße: 12

Natürliche Vorbilder: Eintagsfliegen / *Rhithrogena germanica* (und verwandte Arten)

Präsentation: nass

Gewässer: Bäche, Flüsse
(Text: Seite 64)

Alternative Muster: Hare's Ear, Dark Cahill Wet, Alder Fly

Palmer (Mischhechel)

Körperlänge: ca. 10 mm / Hakengröße: (10) 12 - 14

Natürliche Vorbilder: Anflugnahrung / Terrestrials (auch als unspezifische Köcherfliegenimitation beliebt)

Präsentation: trocken

Gewässer: Bäche, Flüsse
(Text: Seite 39, 62)

Alternative Muster: Wickham's Fancy, Henryville Special, Coch-y-Bondhu, Buck Caddis

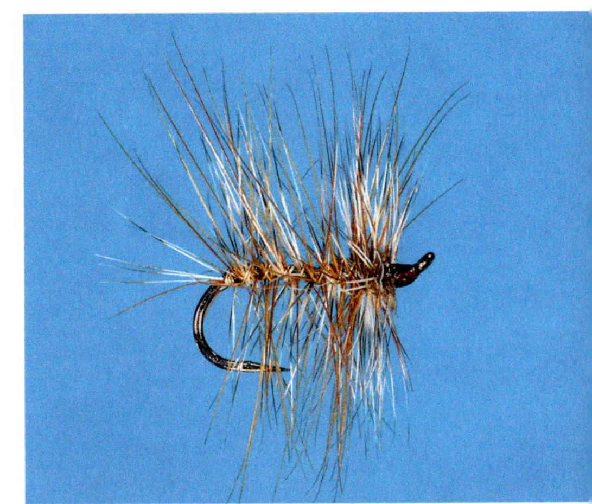

Coch-y-Bondhu

Körperlänge: ca. 10 mm / Hakengröße: 12

Natürliche Vorbilder: Käfer

Präsentation: trocken

Gewässer: Bäche, Flüsse
(Text: Seite 39, 62)

Alternative Muster: Palmer, Humpy, Buck Caddis

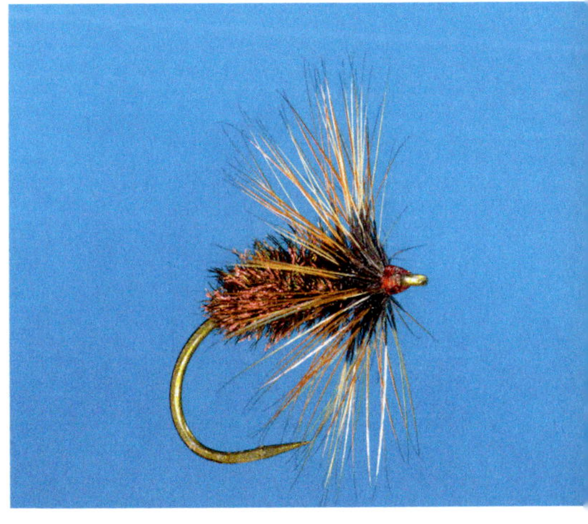

Gebirgsbäche

Gletscherbäche (kryales Regime) oder reine Schmelzwasserbäche (nivales Regime) sind durch ihr milchweißes bis graugrünes Wasser während der Vegetationszeit eindeutig gekennzeichnet und fischereilich unbedeutend. Gebirgsbäche im Sinn des Fliegenfischers sind alle Fließgewässer über etwa 500 m ü. M., die durch starkes Gefälle und entsprechend schnelle und turbulente Strömungen gekennzeichnet sind. Ihre Wasserführung hängt zwar meist von Regenfällen ab, doch ist die Zeit der Schmelzwasserführung wesentlich länger (pluvio-nivales Regime). Limnologisch gehören sie fast durchwegs der oberen Forellenregion (dem Epirhithral) an. Im Gegensatz zu vielen Bächen des Hügellandes ist ihr Verlauf gestreckter, nicht selten von Abstürzen unterbrochen und oft über weite Strecken ohne baumbewachsene Ufer. Die Wassertiefe ist oft über weitere Strecken relativ gleichbleibend, die Bachsohle vorwiegend durch größere Blöcke gegliedert. Vorherrschendes Substrat ist meist grober Schotter, andere Substrattypen sind nur kleinräumig vertreten.

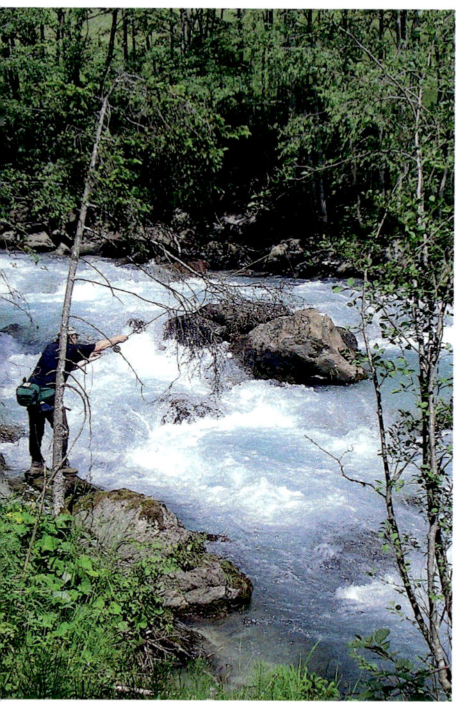

Gletscherbeeinflusster Gebirgsbach (Gschnitzbach, Tirol)

Anbietetaktik und Präsentation

Auf Grund der hohen Strömungsgeschwindigkeit und der Turbulenzen ist einerseits die Beobachtung der Fische für den Angler stark eingeschränkt bis unmöglich, andererseits ist aber auch das Gesichtsfeld des Fisches recht beschränkt und die Annäherung für den Angler deshalb relativ unproblematisch, soweit er sich nicht gegen den Himmel deutlich abhebt. Erhöhte Standpunkte erlauben aber an derartigen Gewässern nicht mehr Einblick und sind daher grundsätzlich zu meiden. Die Wurfdistanzen sind meist relativ beschränkt, da durch die unterschiedlichen Strömungen sowohl bei Präsentation stromauf als auch stromab der Wasserdruck auf der Leine rasch zu unkontrollierbarem „dregging“ führt. Kürzere und etwas stärkere Vorfächer sind daher sinnvoll, beim Wurf stromauf wird die Fliegenschnur durch Heben der Rutenspitze möglichst vom Wasser fern gehalten. Fischt man mit der gezogenen Nassfliege stromab auf größere Distanzen, empfehlen sich Sink-Tip-Schnüre eher als stärker beschwerte Muster, die grundsätzlich (an der Fliegenfischerei vorbehaltenen Gewässern) als problematisch einzustufen sind. Gerade bei dieser Art der Fischerei stromab wechseln außerdem häufige Fehlbisse mit oft unerfreulich tief gehakten (und meist untermaßigen) Fischen, sodass der weidgerechte Angler sich lieber (wenn auch manchmal mühsam) stromauf betätigen wird. Bei entsprechendem Geschick kann aber auch die Nassfliege in freier Drift stromab durchaus erfolgreich mit der Schwimmschnur und langer Vorfachspitze gefischt werden. Zeiten besonderer Fressaktivität sind wenig ausgeprägt, die Fische nehmen fast den ganzen Tag über Nahrung auf. Lediglich im Frühjahr, wenn Olive Duns schlüpfen, kann man um die Mittagszeit oft eine kurze Phase hektischer Steigaktivität erleben.

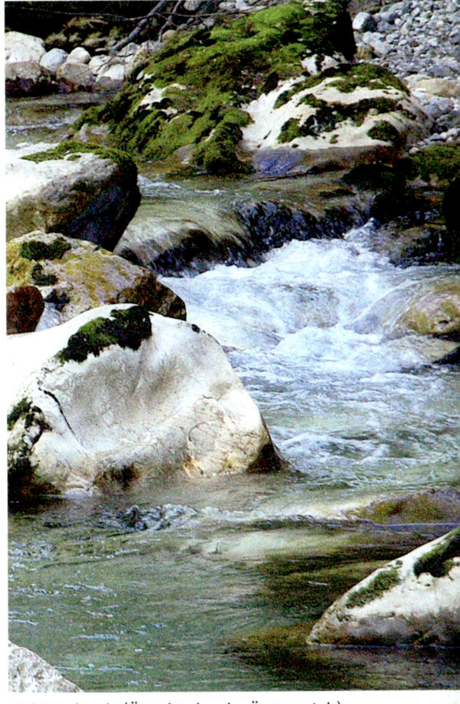

Gebirgsbach (Ötscherbach, Österreich)

Natürliche Vorbilder

Hier sind vergleichsweise wenige Gruppen von Wasserinsekten zu finden und auch die Artenzahl ist reduziert. Von der Biomasse her sind meist Steinfliegen und Eintagsfliegen am bedeutendsten. Bekannt und typisch sind die großen Steinfliegen-Arten (*Perla marginata*, *Dinocras cephalotes* u.a.) des Frühsommers. Kleinere, gelbe Steinfliegenarten (z.B. *Isoperla grammatica*, die **Yellow Sally** der Fliegenfischer) kann man vom späten Frühjahr bis Ende Sommer vereinzelt beobachten. Sie treten eher selten in großer Menge auf, werden dann aber kurzfristig gierig von den Fischen gefressen. Im Herbst (und zeitlichen Frühjahr) dominieren vor allem schlanke, düster gefärbte Arten der Gattung *Leuctra*, die bekannten **„needle flies“** (englisch: Nadelfliegen), die im Gebirgsbach allerdings für den Fliegenfischer bedeutungslos sind. Von Eintagsfliegen sind die relativ kleinen, stumpf bläulichgrau gefärbten, **Duns** von *Baetis alpinus* während der ganzen Saison typisch und wichtig. Ebenso im schnellen Wasser schlüpfen die zahlreichen größeren, einander recht ähnlichen, Vertreter der Gattung *Rhithrogena*, deren mittelgroße Duns meist gelblich-olivgrau bis bräunlich-rot gefärbt sind. Obwohl sie häufig vorkommen, sind die ziemlich großen, als Imago meist gelblich-rot bis purpurrot gefärbten, Vertreter der Gattungen *Epeorus* und *Ecdyonurus* nur zeitweise und lokal von Interesse für den Fliegenfischer. Auch Köcherfliegen und Zweiflügler (Mücken) haben hier fischereilich wenig Bedeutung, obwohl Mückenlarven manchmal hohe Biomasse erreichen können. Dagegen macht Anflugnahrung aus verschiedensten Landinsektengruppen im Hochsommer oft einen wesentlichen Anteil des Nahrungsspektrums aus.

Muster

Das Nahrungsangebot für Fische ist recht vielfältig und wechselt rasch, doch bleibt dem Fisch meist keine Zeit für besondere Selektivität. Massenschlüpfe kommen bei einigen wenigen Eintagsfliegenarten zwar vor, doch stellen sie den Angler kaum vor größere Probleme was die Imitation angeht. Obwohl man nur selten steigende Fische beobachten kann sind größere (Gr. 12), gut schwimmfähige und entsprechend leicht im Auge zu behaltende Muster meist erfolgreich. Spezielle Nachahmungen der größeren Steinfliegen mit 25-30 mm Körperlänge können zur Hauptflugzeit dieser grossen Arten zwar erfolgreich sein, man sollte sie aber nur gezielt auf bestätigte, starke Fische anbieten, weil der grosse Haken untermassige Fische stark verletzt. Nachbildungen der am Grunde lebenden Eintagsfliegenlarven (sog. „Steinklammerer-Typ“: *Ecdyonurus*, *Rhithrogena* u.a.), die gerne unter fast ausschließlicher Verwendung von Epoxyharz hergestellt werden, sind vom Standpunkt der Fliegenfischerei sowohl aus praktischen als auch aus grundsätzlichen Erwägungen abzulehnen. Die natürlichen Vorbilder geraten selten in die Drift (wo sie problemlos mit Nassfliegen nachgeahmt werden können), und werden von den Fischen vorwiegend durch Umwenden kleinerer Steine erbeutet.

Mit buschig gebundenen Trockenfliegen (Adams u.ä.) fischt man stromauf vor allem die kleinen Rückströmungen („Taschen“, englisch: pockets) und Schlagwasser hinter größeren Blöcken ab. Dagegen lassen sich längere Rippelstrecken relativ mühelos mit größeren Trockenfliegen stromab befischen, wenn man den Fallschirmwurf oder zurückgestoppten Wurf entsprechend gut beherrscht. Auch **Hechelnassfliegen** oder **Spider**-Muster (Partridge & Green, Black & Peacock Spider) lassen sich in derartigen Situationen ausgezeichnet fischen. Der Verlauf von schnellen, tiefen Rinnen bringt meist weniger Erfolg, an ihrem Einlauf stehen die Chancen wesentlich besser. Im turbulenten Wasser ziehen Verwirbelungen auch unbeschwerte Nassfliegenmuster rasch in die Tiefe – eine entsprechend geschickte Führung der Schwimmschnur erlaubt (auf kürzere Distanzen) meist den nötigen zarten Kontakt zu halten, der zum rechtzeitigen Erkennen von Anbissen unerlässlich ist (Beobachtung der Schnurspitze reicht in diesen Fällen jedenfalls nicht aus).

Dusky Yellowstreak

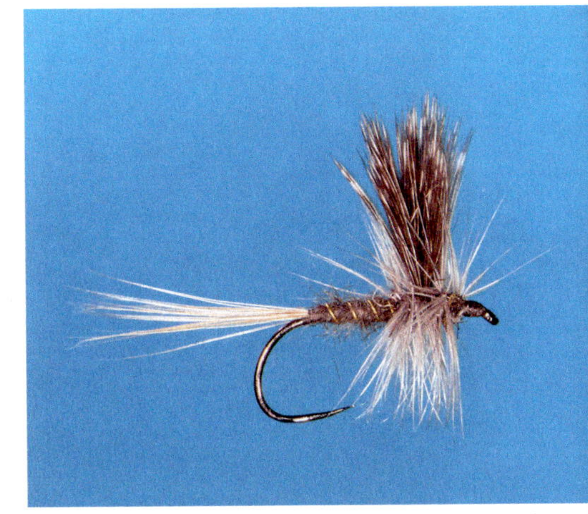

Körperlänge: ca. 10 mm / Hakengröße: 12

Natürliche Vorbilder: Eintagsfliegen (*Electrogena* sp.), Steinklammerer

Präsentation: nass

Gewässer: Bäche, Flüsse
(Text: Seite 44)

Alternative Muster: Dark Dun, Dark Cahill, Black Spider

Adams

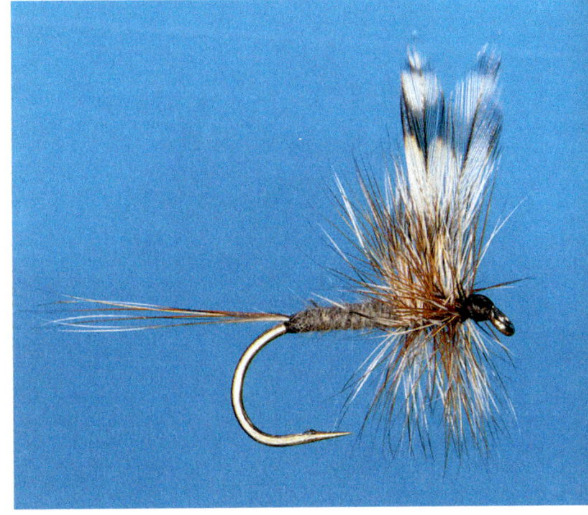

Körperlänge: ca. 10 mm / Hakengröße: 12

Natürliche Vorbilder: Eintagsfliegen (Heptageniidae sp.), ganz allgemein größere Insekten

Präsentation: trocken

Gewässer: Bäche, Flüsse
(Text: Seite 44, 48, 62)

Alternative Muster: Humpy (Jack Dennis), Dark Hendrikson, Grey Wulff, Bivisible, Irresistible

Braunwasserbäche

Typische Braunwasserbäche (Silikatbäche) finden sich vor allem im Granithochland des Böhmerwaldes (mit seinen randlichen Anteilen in Deutschland und Österreich), im nördlichen England, in Irland, Schottland und Skandinavien. Sie sind durch ihr klares, goldbraunes bis dunkel teefarbiges Wasser gekennzeichnet und weisen fischereilich oft Verhältnisse auf, die etwas an Gebirgsbäche erinnern. Die Wasserfärbung beruht auf gelösten Huminstoffen und Fulvosäuren, die auch den pH-Wert beeinflussen (pH < 7: sauer), wobei stärker versauerte Gewässer (ph < 5,5) nicht mehr als Lebensraum für die heimischen Salmoniden geeignet sind. Ihre Wasserführung wechselt relativ deutlich in Abhängigkeit von den Niederschlagsmengen, die Schmelzwasserführung beschränkt sich auf den Frühling. Der Verlauf (soweit nicht wasserbaulich verändert) wechselt zwischen mäandrierend und leicht gestreckt, baumbewachsene Ufer wechseln mit offeneren Bereichen. Die Wassertiefe ändert sich oftmals in kurzen Abständen, tiefe Gumpen wechseln mit Rauschen und seichteren Rieselstellen, die Bachsohle ist vorwiegend durch größere, meist abgerundete, Blöcke gegliedert. Vorherrschendes Substrat ist Schotter, andere Substrattypen sind nur kleinräumig vertreten, im Mittelteil und Auslauf der Kolke findet sich meist feinsandiges Material.

Recht ähnlich sind die grobmaterialreichen Bäche im deutschen Buntsandstein. Dagegen stellen echte Moorbäche in Mitteleuropa einen sehr selten gewordenen und für den Fliegenfischer meist wenig bedeutungsvollen Braunwassertyp dar. Charakteristisch sind die meist langsame Strömung und relative Strukturarmut der oftmals tiefschwarzen oder rotbraunen Bachsohle aus Moorschlamm und torfige, manchmal tief unterspülte, Ufer. Naturbelassene Heidebäche Norddeutschlands zeigen ein ähnliches Gepräge, doch überwiegt dort sandiger bis feinkiesiger Untergrund.

Anbietetaktik und Präsentation

Auf Grund der Wasserfärbung, der relativ hohen Strömungsgeschwindigkeit und der Turbulenzen ist einerseits die Beobachtung der Fische durch den Angler stark eingeschränkt, andererseits ist aber auch das Gesichtsfeld des Fisches oft recht beschränkt und die Annäherung für den Angler relativ unproblematisch, soweit er sich nicht gegen den Himmel deutlich abhebt. Erhöhte Standpunkte erlauben aber an derartigen Gewässern nicht mehr Einblick und sind daher grundsätzlich zu meiden. Mittlere Wurfdistanzen sind meist angezeigt, da durch die unterschiedlichen Strömungen sowohl bei Präsentation stromauf als auch stromab der Wasserdruck auf der Leine relativ rasch zum „dregging“ führt. Kürzere und etwas stärkere Vorfächer sind sinnvoll. Fischt man ausschließlich mit der gezogenen Nassfliege oder in freier Drift stromab, empfehlen sich Sink-Tip-Schnüre eher als beschwerte Muster, die grundsätzlich (an der Fliegenfischerei vorbehaltenen Gewässern) als problematisch einzustufen sind. Zeiten besonderer Fressaktivität sind bisweilen ausgeprägt, die Fische nehmen aber fast den ganzen Tag über Nahrung auf.

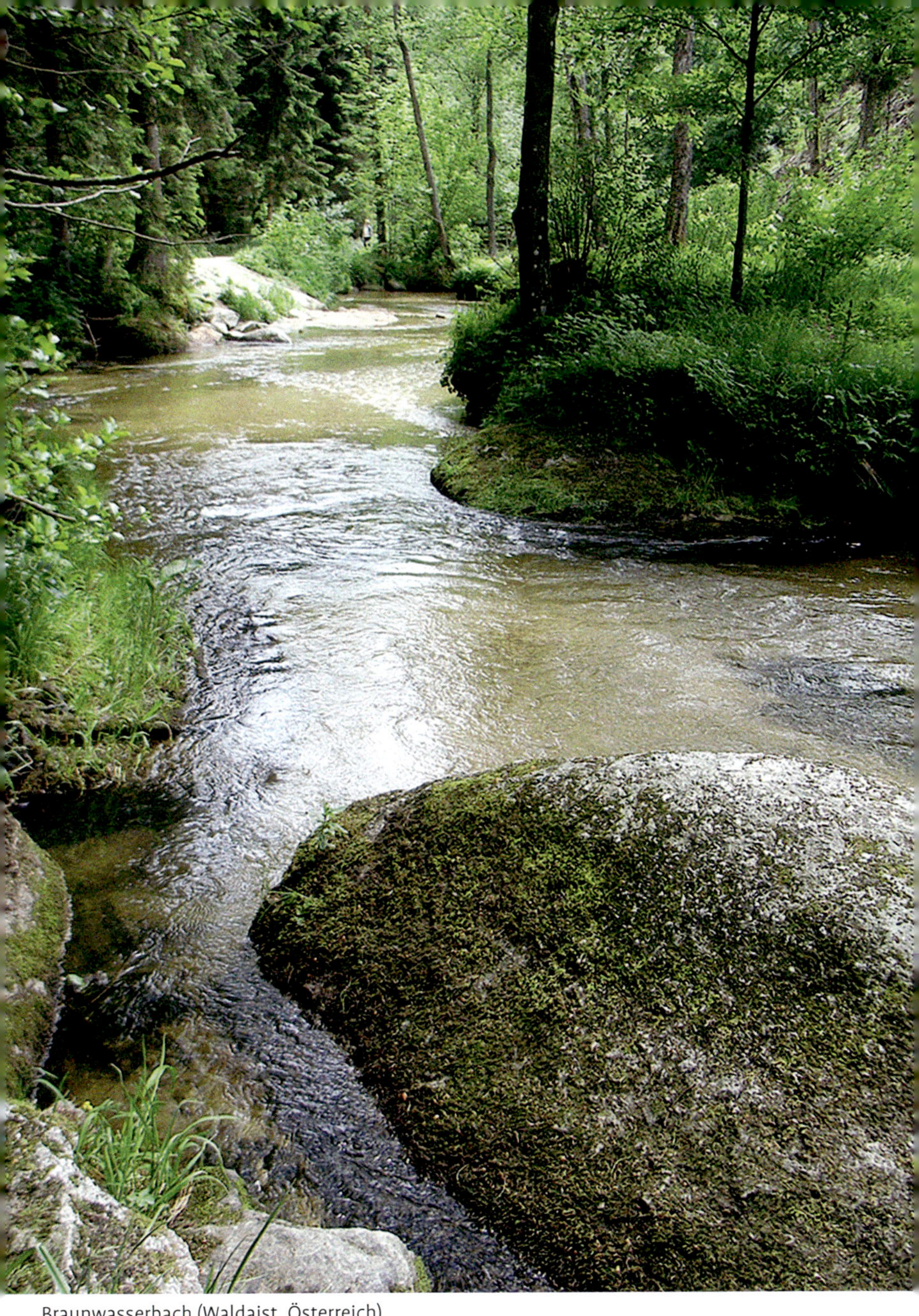

Braunwasserbach (Waldaist, Österreich)

Natürliche Vorbilder

Abhängig vom pH-Wert finden sich relativ artenreiche (pH 6,5) bis zunehmend verarmte (pH < 5,5) Lebensgemeinschaften. Von der Biomasse her sind in den fischereilich interessanten Braunwasserbächen meist Eintagsfliegen, Steinfliegen und Köcherfliegen am bedeutendsten. Zweiflügler (Mücken) sind hier für den Flugangler weniger interessant, obwohl Mückenlarven manchmal hohe Biomasse erreichen können. Anflugnahrung aus verschiedensten Landinsektengruppen macht im Hochsommer oft einen wesentlichen Anteil des Nahrungsspektrums aus. Von den meisten Anglern unbemerkt kommt es in den letzten Juli- und ersten Augustwochen am späten Abend verbreitet zu einem spektakulären Massenschlupf und Schwärmen einer Eintagsfliegenart, der „Rheinmücke" oder „Weißen Augustfliege" unserer Vorfahren (*Oligoneuriella rhenana*). Von den Köcherfliegen sind besonders die Silver Sedge (*Odontocerum albicorne*) und andere Arten mit köchertragenden Larven von Bedeutung.

Mit zunehmender Versäuerung treten säuretolerantere Formen (manche Steinfliegen- und Köcherfliegenarten) in den Vordergrund, während Eintagsfliegen rasch zurückgehen, doch können derartige Gewässer kaum noch fischereilich genutzt werden.

Muster

Das Nahrungsangebot für Fische ist auch hier recht vielfältig und wechselt rasch, doch zeigen die Fische meist keine besondere Selektivität. Massenschlüpfe kommen bei einigen wenigen Eintagsfliegenarten zwar vor, doch stellen sie den Angler kaum vor größere Probleme was die Imitation angeht. Mit der Trockenfliege sind fast immer größere (Gr. 12), gut schwimmfähige und entsprechend leicht im Auge zu behaltende Muster angezeigt, wie **Adams, Bivisible** oder **Wickham's Fancy**. Das Steigverhalten der Fische ist allerdings recht unterschiedlich, bei geringem Angebot an Flugnahrung (vor allem im Frühjahr und später in den frühen Morgenstunden) ist jedenfalls die klassische Methode „nass – stromauf" empfehlenswert (etwa mit einer **Märzbraunen** oder der **Partridge & Orange**). An warmen Sommernachmittagen und besonders bei schwülem, drückendem Wetter, kann aber auch die Trockenfliege erstaunlich erfolgreich sein. Man befischt vor allem die Rückströmungen („Taschen", englisch: pockets) und Schlagwasser hinter größeren Blöcken, die tiefen Gumpen enttäuschen oft. Längere Rippelstrecken lassen sich auch relativ mühelos stromab befischen (mittels Fallschirmwurf oder zurückgestoppten Würfen). Speziell an schnellfließenden Passagen mit gebrochenem Wasser sind in den Abendstunden Muster wie die Buck Caddis angebracht, die Weibchen der Silver Sedge bei der Eiablage imitieren: Die – über kurze Strecken – gezogene Fliege (bewusstes Dreggen) ist in diesen Fällen oft erfolgreicher als das freie Abtreiben. Dunkle, spärlich gebundene Hechelnassfliegen in der Art der North-Country Flies oder vom Spider-Typ (Black Spider u.a.) finden bevorzugt in freier Drift als Nachahmung für zarte Steinfliegen (Needle Flies: Leuctridae, Nemouridae) Verwendung.

Partridge and Orange

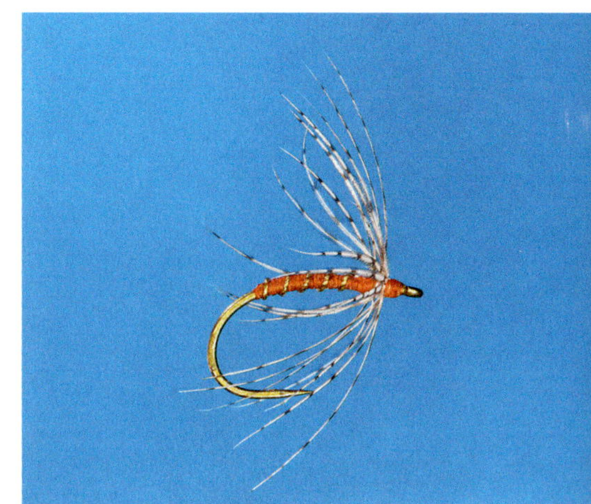

Körperlänge: ca 8 mm / Hakengröße: 12–14

Natürliche Vorbilder: unspezifisch – ertrunkene Insekten (etwa weibliche Eintagsfliegen oder Needle Flies nach der Eiablage)

Präsentation: nass

Gewässer: Bäche, Flüsse
(Text: Seite 48)

Alternative Muster: Waterhen Bloa, Lunn's Particular (wet / naß), Black Spider (als Mücken-Imitation)

Buck Caddis

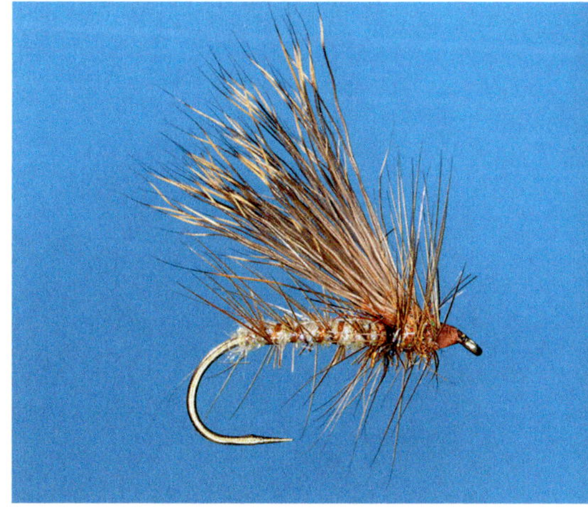

Körperlänge: ca. 10 mm / Hakengröße: 10–14

Natürliche Vorbilder: Köcherfliegen

Präsentation: trocken

Gewässer: Bäche, Flüsse
(Text: Seite 24, 65, 68)

Alternative Muster: G. & H. Sedge (auch: Goddard Caddis), Rackelhanen (Kenneth Boström), Streaking Caddis

„Kreidebäche“ – chalk streams

Vom Grundwasser gespeiste Karbonatbäche werden von Fliegenfischern gerne als Kreidebäche (englisch: chalk streams) bezeichnet. Echte Kreideflüsse finden sich in England (Avon, Itchen, Kenneth, Test u.a.) und der Normandie (Andelle, Loue, Risle u.a.), doch können grundwassergespeiste Fließgewässer auch über anderem geologischem Untergrund vergleichbare Bachtypen darstellen. Bekannt sind etwa die Blau in Deutschland, die Fischa in Österreich und einige berühmte Karstflüsse im südlichen Mitteleuropa (Krka / Kroatien, Sava Bohinjka / Slovenien u.a). Charakteristisch sind jedenfalls die ganzjährig gleichmäßige Wasserführung und sommerkalte Wassertemperaturen, die reiche Entwicklung höherer Wasserpflanzen und ungetrübtes Wasser auch nach längeren Niederschlagsperioden. Vom Erscheinungsbild und der Wasserführung her zeigen manche dieser Bäche (etwa Sempt und Schwillach in Bayern) eine gewisse Ähnlichkeit mit Moorbächen (Moosbächen), unterscheiden sich aber grundlegend im Wasserchemismus und den Lebensgemeinschaften. An den englischen Kreideflüssen entwickelte Frederic M. Halford (1844-1914) seine Philosophie der Trockenfliegenfischerei und Charles Ritz (1891-1976) fing seine ersten Fische an der Andelle.

Gemeinsam ist den echten Kreideflüssen und den grundwassergespeisten Karbonatbächen der fischereilich besonders bedeutsame Massenschlupf der Maifliege (*Ephemera danica*), an den slovenischen Karstflüssen wie Unec und Soča auch der „späten Maifliege“ (meist *Siphlonurus croaticus*). Ganz ähnlich spielen andere *Siphlonurus*-Arten in Irland als „Late Mayfly“ eine Rolle.

Anbietetaktik und Präsentation

Kreideflüsse gelten nicht zu Unrecht als besondere Herausforderung für den Fliegenfischer und besonders außerhalb der eigentlichen Maifliegensaison (je nach Gewässer etwa Mitte Mai bis Mitte Juni, spektakuläre Massenschlüpfe während höchstens 10 - 14 Tagen) hat mancher Flugangler sein vermeintliches Traumgewässer eher enttäuscht verlassen. Doch selbst am Höhepunkt des Schlupfes sind schwierige Situationen nicht selten und „duffer’s day“ – wenn auch der Ungeschickteste Fisch auf Fisch fängt - ist heute eher die Ausnahme als die Regel. Das klare, sichtige Wasser, das oft vom etwas erhöhten Ufer aus befischt werden muss, in Kombination mit der glatten Wasseroberfläche, die dennoch zwischen den Wasserpflanzenbeeten unterschiedliche Strömungszüge aufweist, stellt höchste Ansprüche an Wurfkönnen und Präsentation. Gute Deckung und unauffälliger Wurf sind unverzichtbar, soweit man nicht an Strecken mit gemästeten, frisch besetzten, Zuchtforellen fischt. Serviert wird üblicher Weise schräg stromauf, doch kann (wo erlaubt) der

rechte Seite: Grundwassergespeister Bach (Brunnader, Österreich)

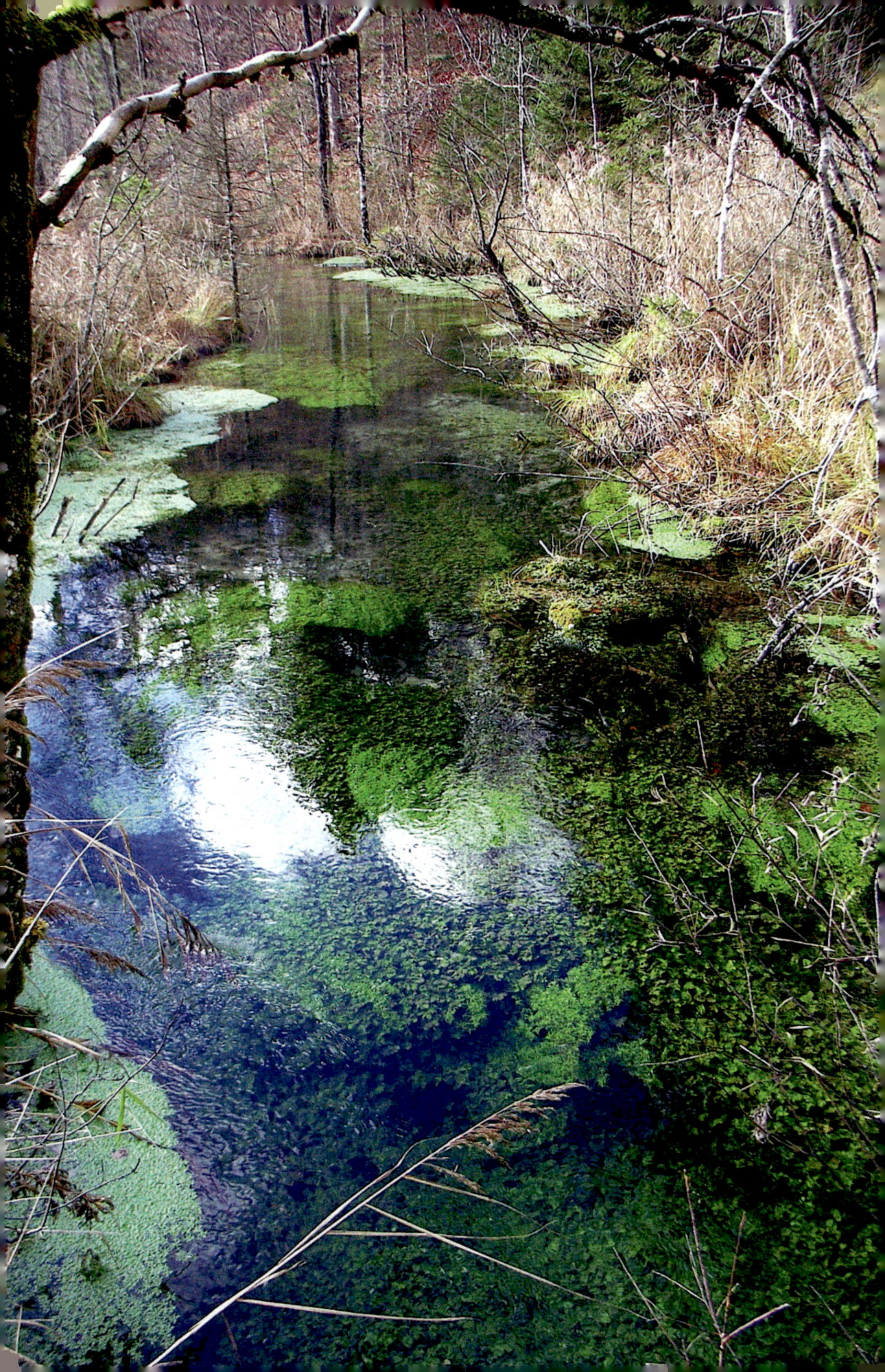

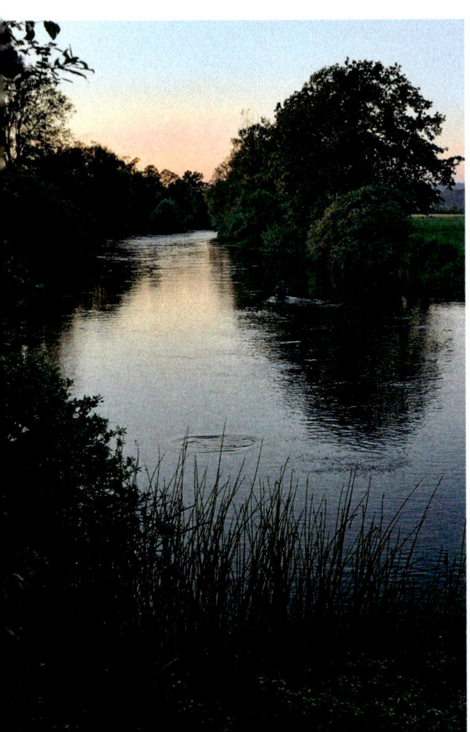

Grundwassergespeister Karstfluss (Unec, Slovenien)

Service auf große Distanz stromab das Anbieten in freier, dreggfreier Drift erleichtern und auch das wohldosierte "twitching" – durch kurzes Anhalten oder Zupfen (nur wenige Zentimeter!) der abtreibenden Fliege zusätzlich Leben verleihen – kann in dieser Position meist besser kontrolliert werden. Vor allem zu Beginn der Maifliegensaison nehmen zwar manche Fische auch eine leicht aufklatschende Fliege nicht übel und attackieren diese sofort, doch in der Regel ist ungestörte, freie Drift am ehesten erfolgversprechend. Bei höherem Befischungsdruck und fortgeschrittener Saison sinken die Chancen allerdings deutlich.

Natürliche Vorbilder

Charakteristisch für grundwassergespeiste Karbonatbäche ist das massenhafte Auftreten einiger weniger Eintagsfliegenarten. An erster Stelle steht hier die Maifliege (*Ephemera danica*), lokal können auch *Siphlonurus*-Arten bedeutsam sein. Daneben sind, vor allem in den echten Kreideflüssen, auch Baetiden (Große Olivfarbene / Large Olive, Blasswasserfarbene / Pale Watery) und *Ephemerella ignita* (Blue Winged Olive / BWO) wichtig. Im allgemeinen sind Köcherfliegen von der Biomasse her deutlich weniger bedeutend, doch können lokal die Grannom (*Brachycentrus subnubilus*) sowie Vertreter der Familien Phryganeidae und Limnephilidae in größerer Menge vorkommen. Steinfliegen fehlen normaler Weise ganz. Schlammfliegen (Sialidae) und Zweiflügler (Mücken) sind nur gelegentlich von fischereilicher Bedeutung, doch machen andere Tiergruppen (Würmer, Schnecken, manchmal Bachflohkrebse u.a.) oft einen wesentlichen Anteil des Nahrungsspektrums aus.

Muster

In klassischen Kreideflüssen machen relativ wenige Arten zu bestimmten Zeiten den überwiegenden Teil des Nahrungsangebotes für Fische aus und der Musterwahl kommt unter solchen Umständen eine viel größere Bedeutung zu als in anderen Fällen, wenn der Fisch in rascher Folge völlig verschiedenartige Beutetiere aufnimmt. Besonders bekannt ist diese auffallende saisonale Bedeutung von Eintagsfliegen, die zu bestimmten Jahreszeiten das anglerische Geschehen maßgeblich beeinflussen. In den Monaten März und April trifft dies (in ökologisch halbwegs intakten Gewässern) häufig auf *Baetis rhodani* und verwandte Arten zu (**Large Olive Dun**), im Spätsommer und frühen Herbst auf die zarten *Baetis fuscatus* (**Pale Watery**). Ende Mai bis Anfang Juni ist die Zeit der **Maifliegen** *(Ephemera danica)*, deren entsprechende Muster auch *Siphlonurus*-Arten (**Late Mayfly**) abdecken. Je nach Gewässer kommt es in vielen „chalk streams“ zwischen Juli und September auch zu bemerkenswerten abendlichen Schlüpfen von *Ephemerella ignita* (**BWO, Sherry Spinner**).

Beim massenhaften Auftreten von aufsteigenden und schlüpfenden Nymphen, Duns, eierablegenden Weibchen oder absterbenden Männchen (Spinnerfall) einer einzigen Art wird für den Fisch jeweils ein spezielles Beuteschema besonders attraktiv und führt auf diese Weise zur Selektivität – dem aktuell gerade in großer Menge auftretenden Beutetier nicht entsprechende Muster werden dann abgelehnt.

Zur sinnvollen Nachahmung ist es nun nötig, das jeweils gerade vorkommende, bevorzugte Stadium zu erkennen und anzubieten. Je nach Tageszeit und Wetter sind daher geeignete Imitationen der Dun (Subimago), des Weibchens oder des absterbenden Männchens (englisch: spent) sinnvoll. Die Verwendung entsprechend großer Nymphen zu Beginn des Schlupfes am Nachmittag kann zwar – entsprechende Führung vorausgesetzt – sehr erfolgreich sein, wird aber seit jeher von vielen begeisterten Fluganglern als nicht wirklich weidgerecht abgelehnt. Nicht umsonst sprach der begeisterte und geradezu legendäre Nymphenfischer Oliver Kite (1920-1968) vom „verabscheuungswürdigen Schlachten der Fische mit der Maifliegennymphe.“ Auch die Autoren teilen diese Ansicht.

Grundsätzlich sollte das ausgewählte Muster in Größe, Volumen, Durchsichtigkeitsgrad, Schwimmlage und Färbung dem Eindruck des Vorbildes aus der Sicht des Fisches möglichst nahe kommen. Manche käufliche Muster sind übrigens auf viel zu großen Haken gebunden, was u.a. die Schwimmfähigkeit deutlich beeinträchtigt, während in der Bindeweise „extended body“ (mit halbtransparenter Weichplastik oder Fasern verlängerter Körper) die Hakengröße 14 bereits ausreichend ist. Wer die - zu Unrecht – etwas aus der Mode gekommene klassische Form des Flugangelns liebt, der fischt auf steigende Fische, also „auf den Ring“, wobei natürlich je nach Wassertiefe und Strömungsgeschwindigkeit auf eine entsprechende Vorhaltestrecke zu achten ist: die Fliege muss soweit stromauf des Standplatzes eines Fisches angeboten werden, dass die (vom Erkennen der Beute am oberen Rand des Sichtfensters bis zum Nehmen an der Wasseroberfläche) nötige Zeit durch die Drift ausgeglichen wird.

Auch der Fang eines guten Fisches mit einem völlig abweichenden Muster, sei er nun zufällig erfolgt oder absichtlich versucht worden, spricht nicht grundsätzlich gegen die Sinnhaftigkeit der Musterwahl entsprechend dem natürlichen Vorbild. Speziell bei hohem Befischungsdruck setzt mancher dann auf das – radikal abweichende – Muster, um doch noch einen Fisch an den Haken zu bekommen. Wurftechnischer Unzulänglichkeit entkommt man allerdings auch auf diese Weise nicht ...

Von Imitationen für Köcherfliegen ist (besonders in England) die **Grannom** wichtig: es werden sowohl die (tagsüber) schlüpfenden Puppen durch aufsteigende Puppenmuster oder Nassfliegen nachgeahmt, als auch am Nachmittag und Abend die eiablegenden Weibchen. Der alternative Name **Greentail** (englisch: Grünschwanz) bezieht sich dabei auf den auffallend großen, smaragdgrünen Eiballen, den die Weibchen am Körperende tragen. Während der Flugzeit (April bis Juli) kommt es an manchen Gewässern zu Massenschlüpfen, die allerdings selten länger als zehn Tage währen. Die ausschliesslich dämmerungs- und nachtaktiven Vertreter der Phryganeidae und Limnephilidae werden dagegen kaum gezielt imitiert, weil die meisten Fliegenfischer um diese Zeit nicht mehr am Wasser sind. So ist etwa die Silver Sedge (*Odontocerum albicorne*) an Bächen im deutschen Jura zur Maifliegenzeit überaus häufig und auch an den Karstflüssen im südöstlichen Mitteleuropa kommen Limnephiliden in grosser Zahl vor. Taff Price beschrieb zum Beispiel erfolgreiches Fischen mit aufsteigenden Puppenmustern an der Krka. Ein Massenschlupf erfolgt üblicherweise nur am Abend und in den ersten Nachtstunden, wenn der Fliegenfischer die im Oberflächenfilm zum Ufer schwimmenden Puppen wegen der schwachen Lichtverhältnisse nicht mehr erkennen kann. Wer aber tagsüber den Uferbereich absucht findet die leeren Puppenhüllen meist in großer Zahl, die ihm als Hinweis auf spätabendliche Schlupfaktivitäten dienen können. Ob er diese tatsächlich nützen will und darf, hängt dann allein von seinen persönlichen Vorlieben und den fischereilichen Bestimmungen ab. Geeignete Muster sind etwa der **Last Emerger**, eine farblich passende **Poly Pupa** oder die **CDC Delta-Wing Sedge**. Nur sehr lokal machen von Mai bis Juli auch Schlammfliegen (*Sialis*; Seite 22) einen wesentlichen Teil der Fischnahrung aus, ein klassisches Muster ist die **Alder Fly** („Erlfliege“). Ganz zu Beginn und Ende der Bachforellen-Saison spielen meist auch winzige schwarze Mücken eine wichtige Rolle, die mit entsprechenden Mustern (**Black Gnat**, **No Body Fly**) in Größe 18 und kleiner nachgeahmt werden können.

Mayfly Paraloop Emerger

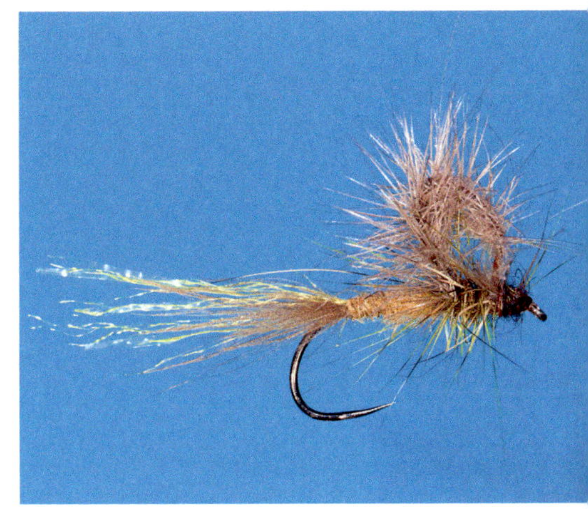

Körperlänge: ca. 12 mm / Hakengröße: 10

Natürliche Vorbilder: schlüpfende Maifliegen (*Ephemera danica* und Verwandte)

Präsentation: trocken im Oberflächenfilm

Gewässer: Bäche, Flüsse, Seen (Text: Seite 24, 54)

Alternative Muster: French Partridge Mayfly, Mayfly Emerger

Flymph
(nach Leisenring/Hidy)

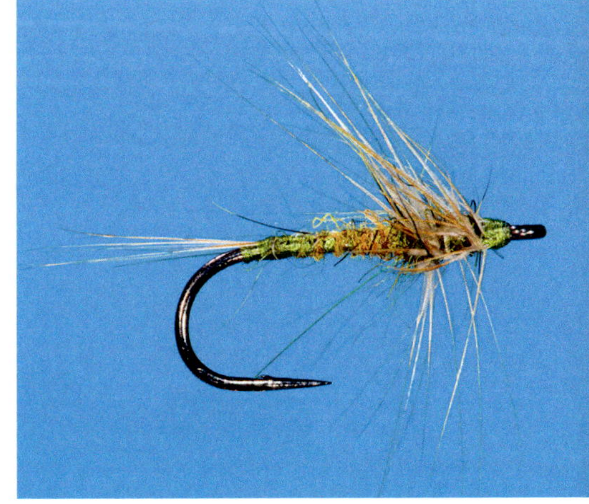

Körperlänge: ca. 6 mm / Hakengröße: 14–16

Natürliche Vorbilder: Eintagsfliegen / Olive Duns

Präsentation: nass

Gewässer: Bäche, Flüsse (Text: Seite 24)

Alternative Muster: Partridge and Green, Waterhen Bloa

Mühlbäche und Werkskanäle

Künstlich vom Menschen geschaffene Fließgewässer zählen kaum zu den eigentlichen Revieren des Fliegenfischers, da aber manche von ihnen nur mit Fliegengerät befischt werden dürfen, so soll auch dieser Gewässertyp kurz erwähnt werden.

Mancher alte Mühlbach mit naturnahen Ufern birgt einen ausgezeichneten Bestand an großen Bachforellen und Äschen, doch stellen die meist beträchtliche Wassertiefe und hohe Strömungsgeschwindigkeit der Fliegenfischerei im eigentlichen Sinn meist unüberwindliche Hindernisse entgegen. Gerade naturnahe Gewässer dieser Art weisen außerdem fast immer dicht verwachsene Ufer auf, die jeden Fliegenwurf unmöglich machen. Wenn auch das Nahrungsspektrum der Fische dieser Gerinne weitgehend dem im Hauptgewässer entspricht, erfolgt doch die Nahrungsaufnahme fast ausschließlich unter Wasser und das Anbieten in tieferen Wasserschichten war zweifelsohne nie Sinn des Flugangelns oder der Fliegenfischerei (und sollte daher auch nicht so bezeichnet werden).

Wer Mühlbäche und Werkskanäle mit Fliegengerät erfolgreich befischen will, braucht keine große Musterauswahl und auch Taktik und Präsentation halten sich in eher bescheidenem Rahmen. Leicht ist die Fischerei an diesen Gewässern aber deshalb nicht!

Kürzere und starke Vorfachspitzen sind angesichts der zu überwindenden Probleme unverzichtbar. Bei vorsichtiger Annäherung kann manchmal das Anbieten buschiger Trockenfliegen oder Käfer-Nachahmungen in Lücken des Bewuchses – entsprechend dem Tippfischen mit natürlichem Insektenköder – durchaus erfolgreich sein. Dass diese Technik eher selten angewendet wird, hängt mit den fast unüberwindlichen Schwierigkeiten zusammen, sich den entsprechenden Standorten zu nähern ohne den Fisch zu vergrämen, der knapp unter der Wasseroberfläche unter dem Dach überhängender Zweige auf einfallende Anflugnahrung lauert. Viel verbreiteter ist das Fischen stromab mit Sinkschnüren, wobei sowohl Streamer als auch Bachflohkrebs-Muster jeweils erfolgversprechend sind. Eine entsprechend schwere Sinkschnur (oder auch ein Schusskopf) ist in diesen Fällen einem stark beschwerten Muster jedenfalls vorzuziehen, da letztere, auch geschickt geführt, meist ziemlich „massiv“ und leblos wirken.

Ein dunkler Streamer, eher in den höheren Wasserschichten geführt und auf Verdacht in kleine Rückströmungen und Lücken zwischen Totholz abgesenkt, ist auch das letzte Mittel der Wahl für jene, die glauben, selbst angetrübtes Wasser unbedingt befischen zu müssen. Wer bei Hochwasser in lehmbraunen Fluten mit großen Mustern auf Verdacht im Trüben fischt kann sich durchaus nicht selten auch mit großen Fischen brüsten – mit Fliegenfischerei hat solche Praxis allerdings nichts zu tun.

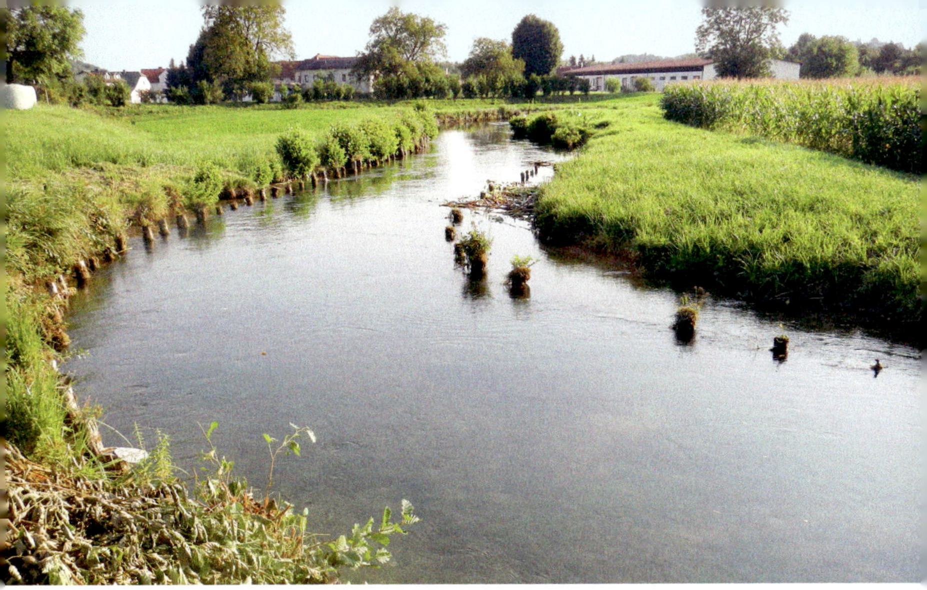

Naturnaher Mühlbach (Weinburg, Österreich)

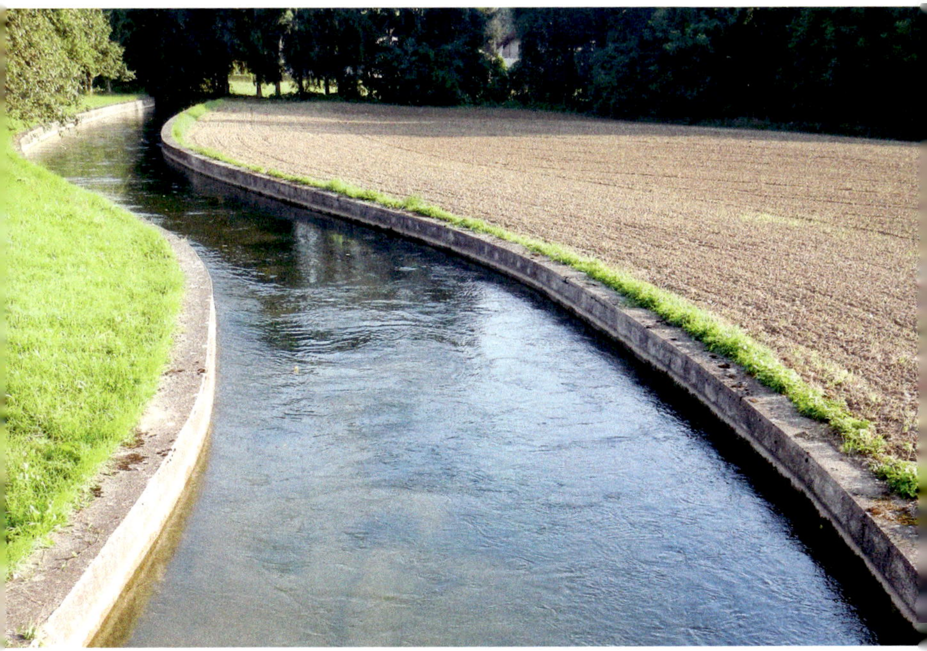

Naturferner Werkskanal (Weinburg, Österreich)

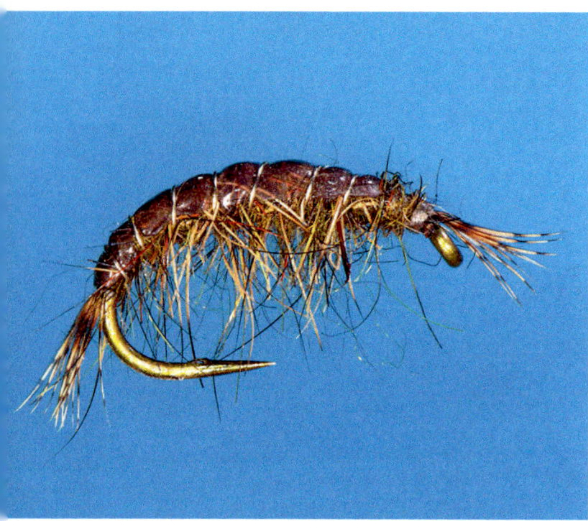

Bachflohkrebs

Körperlänge: ca. 12 mm / Hakengröße: 10–12

Natürliche Vorbilder: Bachflohkrebs *Gammarus* sp.

Präsentation: nass (in Grundnähe)

Gewässer: Bäche, Flüsse
(Text: Seite 57)

Alternative Muster: beschwerte Puppenmuster in grau-oliv bis grau-orange

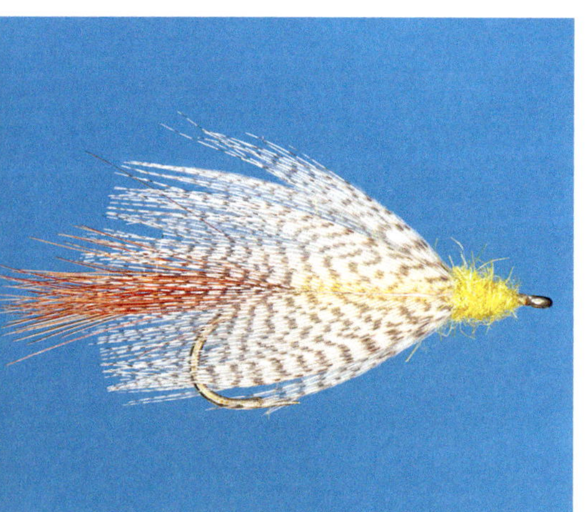

Mallard and Yellow

Körperlänge: ca. 25-40 mm / Streamerhaken

Natürliche Vorbilder: Fischbrut, Kleinfische

Präsentation: nass (in Grundnähe)

Gewässer: Bäche, Flüsse, Seen
(Text: Seite 57)

Alternative Muster: Alexandra, Matuka Streamer, Muddler Minnow

Flüsse

Flüsse im Sinne des Fliegenfischers sind größere Fließgewässer der (unteren) Forellen- und der Äschenregion (Meta- und Hyporhithral) im Voralpen- und Hügelland. Eine Sonderstellung nehmen dabei jene Flüsse ein, die einen wesentlichen Teil ihres Wassers aus Gletscherabflüssen beziehen und daher nur im Spätherbst und Winter klares Wasser führen (in Österreich etwa Drau und Inn). Die im Abschnitt „Herbst“ (Seite 74-76) genannten Angaben treffen weitgehend auch auf diesen Flusstyp zu, der allerdings zu anderen Jahreszeiten für den Flugangler nicht sinnvoll befischbar ist (während sie mit Fliegengerät und Streamer natürlich schon erfolgreich beangelt werden können). Soweit Flüsse auf ihrem Lauf auch Seen durchfließen (wie etwa die Traun im oberösterreichischen Salzkammergut), so wirken diese wie Absetzbecken und das Wasser im Seeausrinn ist daher ganzjährig ungetrübt.

Die mittlere Gewässerbreite von Flüssen liegt praktisch immer deutlich über fünf Meter, der mittlere Durchfluss beträgt (oft wesentlich) mehr als 5 m^3/s (5000 l/s) und die Wasserführung hängt bis spät ins Frühjahr großteils von der Schneeschmelze im Gebirge ab, sodass die Fliegenfischerei sich oft bis Anfang Mai wegen des kalten und angetrübten Schmelzwassers nur wenig erfolgreich gestaltet. Der Flusslauf ist im natürlichen Zustand durch weite Kurven und Schlingen gestaltet, doch weisen die meisten Fliegenstrecken durch wasserbauliche Eingriffe in die Ufergestaltung heute einen wesentlich gestreckteren Verlauf mit stark reduzierten Strukturen auf. Die langen Schotterufer an den Innenseiten der Kurven sind in Folge der Querschnittsverengung bestenfalls noch bei Niederwasserwasser vorhanden. Kolke und Rinnen (und oft auch die Gleit-Ufer) sind üblicher Weise durch Wasserbausteine gesichert, Naturufer und ihre natürliche Bestockung sind oft nur mehr in Resten vorhanden. Im Gegensatz zu Bächen war allerdings in Folge der größeren Breite ein Kronenschluss über der Wasserfläche auch im Naturzustande nicht vorhanden und der offene, besonnte Bereich der Flussmitte kann durchaus als charakteristisch für Flüsse angesehen werden. An vielen größeren Fließgewässern ist der Wechsel von Kolk und Furt, Rinne und Rieselstrecke (englisch: ripple) nur mehr undeutlich ausgeprägt. Auch die reiche, doch großräumige, Gliederung der Flusssohle ist meist reduziert, das vorherrschende Substrat ist Schotter oder grober Kies, doch sind – in guten Fliegenstrecken – noch alle Substrattypen (von Feinschlamm, Sand, Kies, Schotter bis gewachsener Fels) vertreten. Der geologische Untergrund ist (im Gegensatz zu Bächen) fischereilich meist nicht wirklich relevant.

Anbietetaktik und Präsentation

Wenn Flüsse zumindest im Uferbereich bewatet werden können erleichtert dies die Anbietetaktik und Präsentation entscheidend. Daraus ergibt sich allerdings auch klar, dass gerade in kleineren Flüssen der Befischungsdruck und seine negativen Auswirkungen auf Fische und Fischerei rasch ein nicht mehr vertretbares Maß erreichen können. Für eine nachhaltige Bewirtschaftung solcher Gewässer bietet sich daher eine entsprechend abgestufte Beschränkung der Wattiefe (Watverbot, Kniestiefel, Watstiefel, Wathose) an. An größeren Flüssen dagegen, wo Wassertiefe und Strömung einen ausreichend großen und gut strukturierten Rückzugsraum für Fische garantieren, der auch dem besten Werfer unerreichbar bleibt, erübrigen sich solche Überlegungen von selbst. Nur allzu oft ist ja die Fischerei an größeren Flüssen wahrhaft schon schwer genug ...

In sinnvoll bewatbaren Flüssen hängt jedenfalls die Anbietetaktik oft weniger von äußeren Umständen (wie Deckung, freier Raum für den Rückschwung, Möglichkeit einen Fisch weidgerecht zu landen / zurückzusetzen) ab, sondern kann eher in Hinblick auf naturnahe Präsentation gewählt werden. Eine entsprechende (etwa hüfthohe) Wassertiefe ermöglicht auch in vielen Fällen ein weitgehend problemloses Anbieten stromab, selbst auf kürzere Distanz, was vor allem bei der Fischerei auf Äschen große Vorteile bietet. Der unbedachten Watfischerei, die ohne Rücksicht auf Zweckmäßigkeit (und oftmals routinemäßig rücksichtslos gegenüber Gewässer, Fisch und Fischer) ausgeübt wird, soll damit allerdings nicht das Wort geredet werden.

Langsames und vorsichtiges Waten unter möglichster Vermeidung von Wellenschlag, sowie die sorgfältige Beobachtung des Insektenlebens und Nahrung aufnehmender Fische sind gerade auch für den Watfischer unumgängliche Voraussetzungen. Die Musterwahl und Präsentation hängt weitgehend von den beobachteten Aktivitäten der Fische ab. Und wenn es an kleineren Gewässern oft kein Problem darstellt, auch bei scheinbar fehlender Fressaktivität einen Fisch für die Fliege zu interessieren, so ist dies an größeren Gewässern weitaus schwieriger und in nicht wenigen Fällen schlichtweg ein Ding der Unmöglichkeit.

Natürliche Vorbilder

In Flüssen, soweit sie nicht übermäßig durch menschliche Eingriffe und Einflüsse geschädigt wurden, sind fast alle Gruppen von Wasserinsekten zu finden. Vom Angebot her können zu verschiedenen Jahreszeiten jeweils unterschiedliche Stadien von Eintagsfliegen und Köcherfliegen dominieren. Steinfliegen treten meist deutlich zurück, doch können die Larven verschiedener Zweiflügler (z.B. Kriebelmücken *Simulium*) in manchen Flussabschnitten eine vergleichsweise sehr hohe Biomasse erreichen. In Ufernähe spielt

rechte Seite: Großer Voralpenfluss (Gmundner Traun, Österreich)

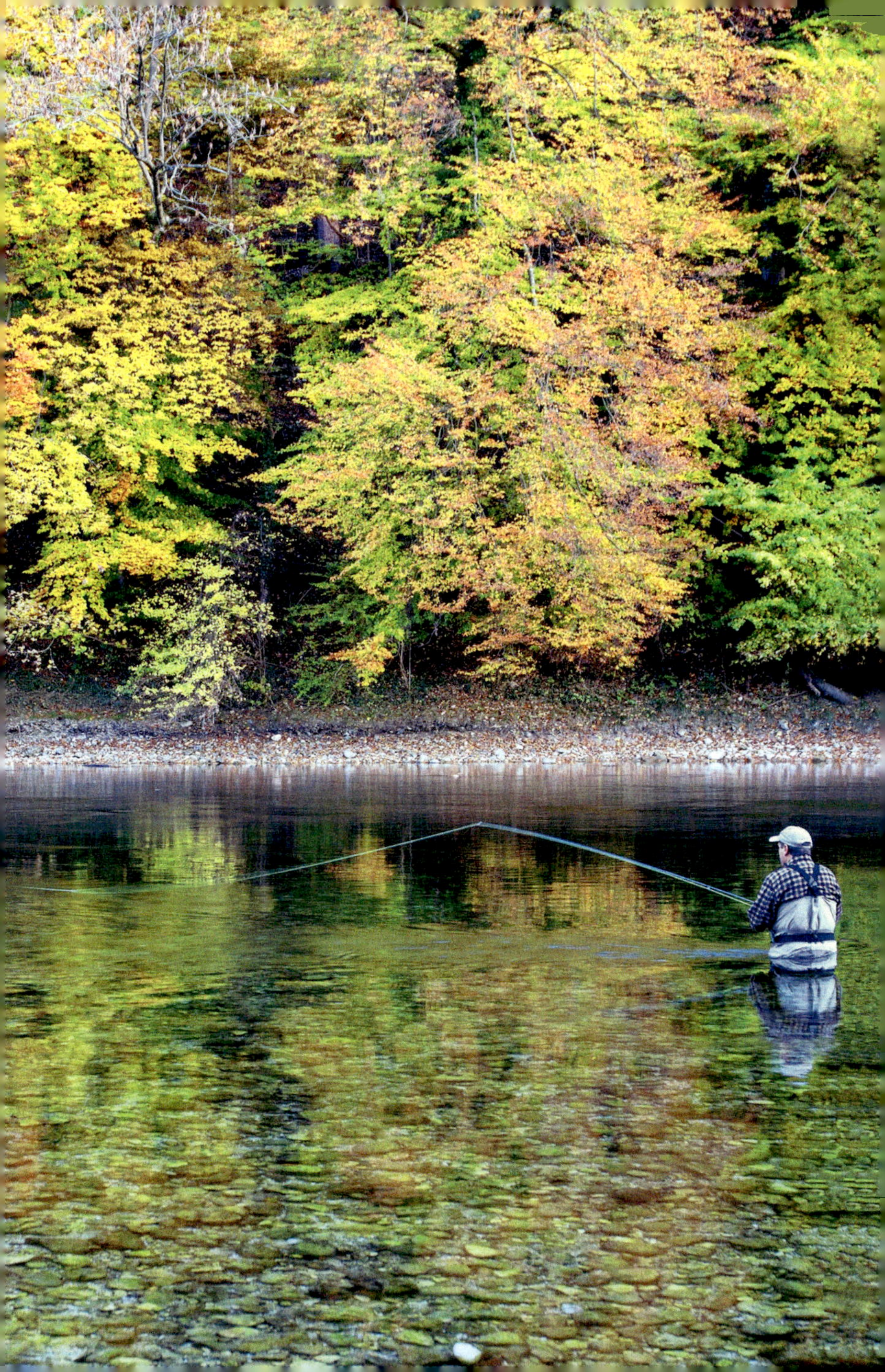

auch Anflugnahrung (vor allem **Käfer**) oft eine nicht unbeträchtliche Rolle, zu gewissen Zeiten können auch **Ameisen** oder größere Zweiflügler (**Hagedornfliege**, **Bibio**) im Freiwasser von großer fischereilicher Bedeutung sein. Abhängig von der organischen Belastung und den vorherrschenden Substraten können auch weitere Tiergruppen, wie Würmer, Egel, Schnecken, Bachflohkrebse, Brütlinge, Klein- und Jungfische, einen wesentlichen Anteil des Nahrungsspektrums ausmachen.

Temporäres Massenauftreten einzelner Arten oder Stadien (Schlupf, Eiablage) findet relativ häufig statt und führt im Allgemeinen zu hoher Aktivität der Fische, die aber meist mit entsprechender Selektivität einhergeht – je höher die Dichte gleichartiger Beutetiere desto ähnlicher sollte also das angebotene Muster sein.

Muster

Das Nahrungsangebot für Fische ist bisweilen extrem vielfältig, aber nicht zu jeder Zeit in jedem Abschnitt des Flusses gleich verfügbar.

Anflugnahrung / Terrestrials

Grundsätzlich gilt, dass (zumindest nach vollständiger Entwicklung der Vegetation) in Ufernähe die Anflugnahrung auch an größeren Flüssen eine wichtige Rolle spielen kann, wobei gezielte Imitation nur in Einzelfällen (Massenauftreten) notwendig und erfolgreich ist. Solche Fälle können etwa den Junikäfer (**Coch-y-Bondhu**) oder die Larven des weniger bekannten Weidenblattkäfers (Gattung *Chrysomela*) betreffen. Meist kann man aber einfach ein etwas buschiger gebundenes Exemplar einer Allround-Fliege (**Palmer**, **Adams**, u.a) verwenden, solange das Muster nur dicht genug am Ufer angeboten wird. Dabei kann man versuchen, es von den Ufersteinen zart abprallen zu lassen, wodurch es meist in idealer Weise (und mit einer Vorfachreserve, die vor schnellem Dreggen schützt) direkt am Ufer ins Wasser fällt.

Wenn die Weißdornbüsche blühen sieht man oft Schwärme der Hagedornfliege (*Bibio marci*). Werden diese in größerer Zahl mehr oder minder weit auf das Wasser verblasen, ahmt man deren typische Gestalt am besten mit einem einschlägigen Muster nach (**Bibio**). Das gleiche gilt, wenn es im Spätsommer zu einem massiven Auftreten geflügelter **Ameisen** kommt – auch in diesem Fall sollte gezielt ein entsprechendes Muster eingesetzt werden, das in Umriss, Helligkeitsverteilung und Schwimmlage dem Eindruck des natürlichen Vorbildes entspricht. Auch ungeflügelte Ameisen sind im Uferbereich (wenn man diesen wurftechnisch erreichen kann) bisweilen überaus wichtig; entsprechende Muster decken auch zahlreiche andere Nahrungstiere ab, denn viele kleine dunkle **Käfer**, Fliegen und Spinnen entsprechen diesem Erscheinungsbild aus Sicht der Fische.

Frühjahr

An Flüssen mit geringem Schmelzwassereinfluss herrschen im zeitlichen Frühjahr für eine Zeit oft hervorragende Bedingungen selbst für die Trockenfliege. Massenschlüpfe der be-

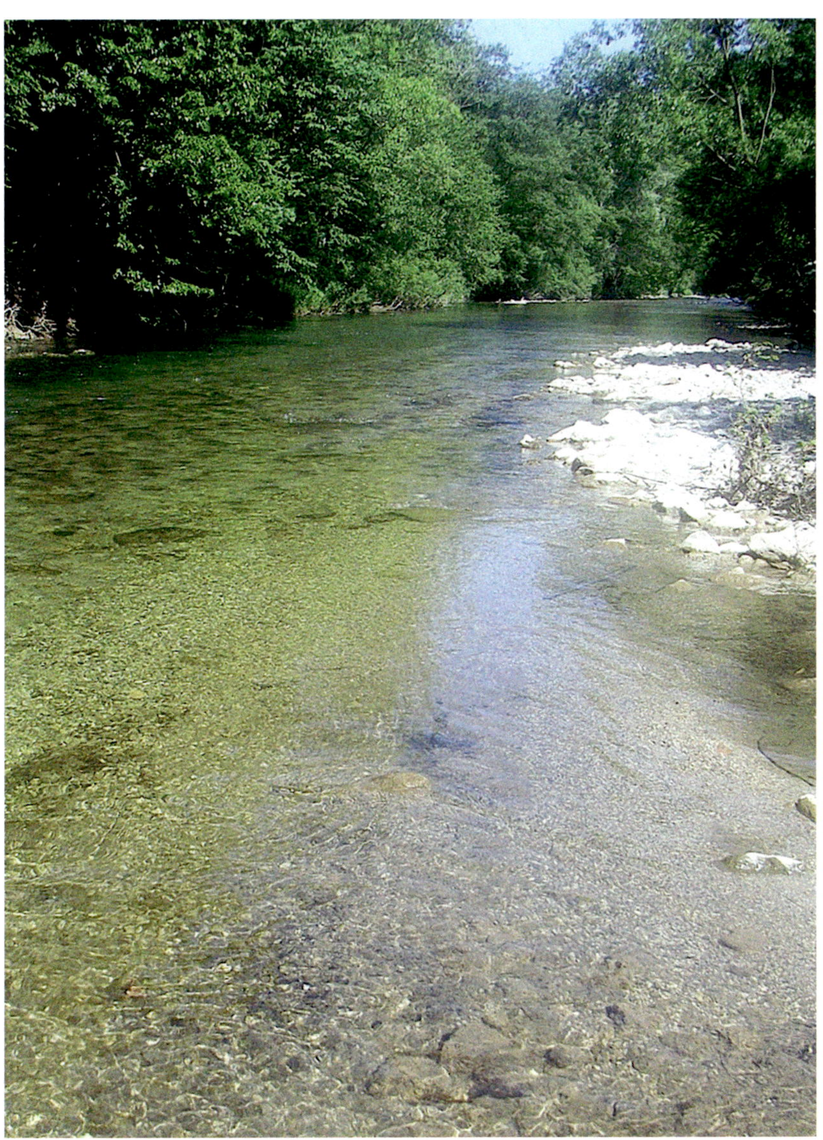

Kleiner Fluss im Hügelland (Pielach, Österreich)

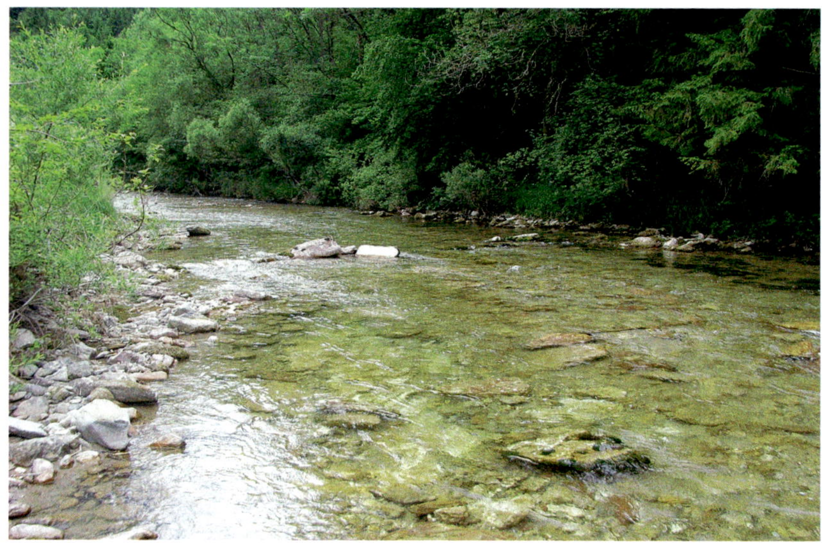
Kleiner Fluß in den Voralpen (Ybbs, Österreich)

rühmten **Märzbraunen** (*Rhithrogena germanica*) kommen tatsächlich zwar nur mehr in sehr wenigen Flüssen vor (u.a. Argen / Bayern, Limmat und Thur / Schweiz), doch findet man nicht allzu selten in Voralpenflüssen (u.a. Steyr, Mur, Ybbs / Österreich) ähnliche Arten der Gattung *Rhithrogena*, die aber meist erst etwas später im Jahr schlüpfen (Ende März und April). In den meisten Flüssen sind die Olivfarbigen (**Large Dark Olive**: *Baetis rhodani*) die ersten wichtigen Eintagsfliegen, die vorwiegend um die Mittagszeit mit passenden Trockenfliegen imitiert werden können. Die abtreibenden Subimagines sind meist gut zu sehen, und speziell im Auslauf längerer ripple-Bereiche sammeln sich Fische, die dieses Angebot nutzen. Bei kühlerem und windigem Wetter können die Duns nur schwer auffliegen und treiben daher längere Strecken ab, was ihre Attraktivität als leichte Beute erhöht. Umgekehrt fliegen die Subimagines bei warmem und ruhigem Wetter rasch vom Wasserspiegel ab und viele Fische stellen sich dann eher auf die aufsteigenden Nymphen ein, sodass Aufsteiger-Muster oder zarte Spider-Muster im Oberflächenfilm oder knapp darunter oft besser genommen werden als Trockenfliegen. Im späten Frühjahr, je nach Wassertemperatur etwa ab Mitte Mai, beginnen nacheinander Eintagsfliegen aus der Verwandtschaft der **Blue Winged Olive** (BWO: *Ephemerella ignita*) aufzutreten, die an vielen Gewässern ab dem Vormittag (*E. mucronata*) beziehungsweise am späten Nachmittag und Abend (*Torleya major, E. ignita*) schlüpfen. Die Flugzeit der echten BWO (*E. ignita*) reicht dann bis in den frühen Herbst, doch ist sie in Kontinentaleuropa außerhalb der Hauptflugzeit (Juli bis September) kaum von größerer Bedeutung. Die schlüpfreifen Nymphen sind weniger in den Rieselstrecken konzentriert sondern bevorzugen schlammige Zwischenräume in blockigem Grobschotter beziehungsweise Moospolster (*Fontinalis antipyretica*), wie sie oft ausgedehnt die großen Blöcke am Rand schneller Rinnen überziehen. In fast allen Voralpenflüssen kommt auch die **Olive Upright** (*Rhithrogena semicolorata*) noch massenhaft vor, deren Duns vor allem in rasch fließenden, schotterigen Rieselstrecken im Mai und Juni in großer Zahl an der Wasseroberfläche schlüpfen. Gelblich grau-olivfarbige Nassfliegen und Palmermuster in Gr. 14 oder auch die **Adams** finden als adaequate Nachahmungen bestens Verwendung.

Köcherfliegen sind im Frühjahr an den grossen Flüssen kaum von Bedeutung, obwohl zahlreiche Arten vorkommen. Die meisten davon schlüpfen am Abend und in den ersten Nachtstunden, wenn die Fische (in dieser Jahreszeit) kaum Fressaktivität zeigen. Nur wenige schlüpfen tagsüber (z.B. die **Grannom**: *Brachycentrus subnubilus*), werden aber nur an manchen Flüssen von den Fischen tatsächlich beachtet (was möglicherweise mit dem mehr oder weniger erhöhten Wasserstand zusammenhängt). An kleineren Flüssen ist die Situation etwas anders: An solchen Gewässern sind schwimmende Puppenmuster, als Imitation für Arten, die zum Ufer schwimmen, bereits ab Mitte April überaus erfolgreich. Mit Ende April beginnt auch die Flugzeit mehrerer an der Wasseroberfläche schlüpfender Arten (Vertreter der Familien Hydropsychidae, Psychomyidae u.a.). Ein empfehlenswertes Muster ist dann die **Buck Caddis** in Größen 12 bis 16. Aber auch andere Muster, wie die **Delta Wing Sedge**, mit der man sowohl schlüpfende als auch eierlegende Köcherfliegen imitieren kann, können je nach beobachteter Situation sinnvoll Verwendung finden.

Steinfliegen (Needle Flies) treten eher im Oberlauf der Flüsse im zeitlichen Frühjahr in großen Mengen auf und können dann zuweilen für den Fliegenfischer wichtig sein, meist sind aber Eintagsfliegen von größerer Bedeutung für den Flugangler.

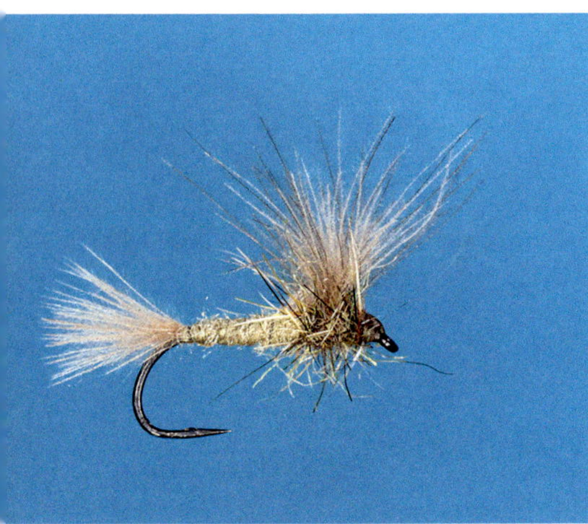

Olive Dun – Split-Wing Emerger

Körperlänge: ca. 8 mm / Hakengröße: 12–14

Natürliche Vorbilder: Eintagsfliegen (frisch geschlüpfte Subimagines der Familie Baetidae)

Präsentation: trocken

Gewässer: Bäche, Flüsse (Text: Seite 24, 64)

Alternative Muster: Flymph, Quill Gordon, Loop Wing Emerger

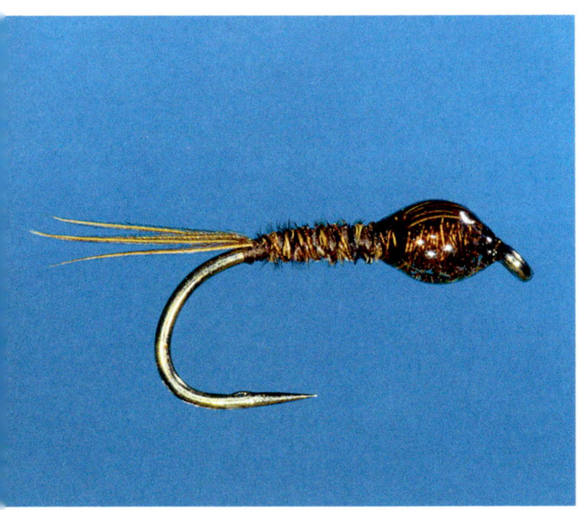

Pheasant Tail Nymph (PTN)

Körperlänge: ca. 10 mm / Hakengröße: 10–12

Natürliche Vorbilder: Nymphe der Olive Dun (Eintagsfliegen, Familie Baetidae)

Präsentation: nass

Gewässer: Bäche, Flüsse (Text: Seite 39)

Alternative Muster: Ritz Typ „A“ Nymph, Sawyer Grey Goose Nymph

Last Emerger

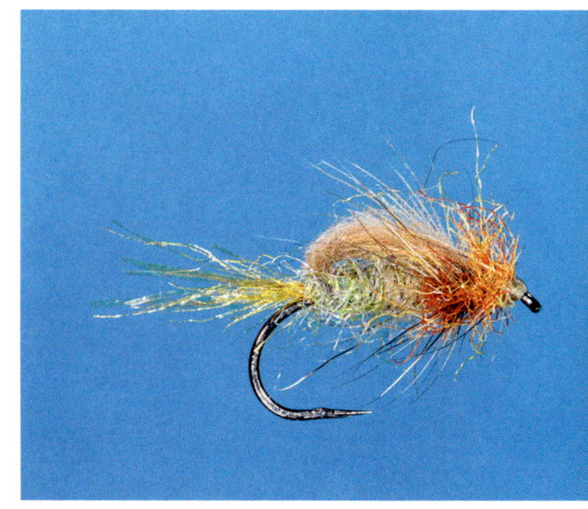

Körperlänge: ca. 10 mm / Hakengröße:
10 / 12

Natürliche Vorbilder: Köcherfliegen beim Schlupf

Präsentation: trocken im Film

Gewässer: Bäche, Flüsse
(Text: Seite 54)

Alternative Muster: Poly Pupa, Emergent Sparkle Pupa (Gary LaFontaine), Hatching Sedge (C.F. Walker)

Partridge and Green

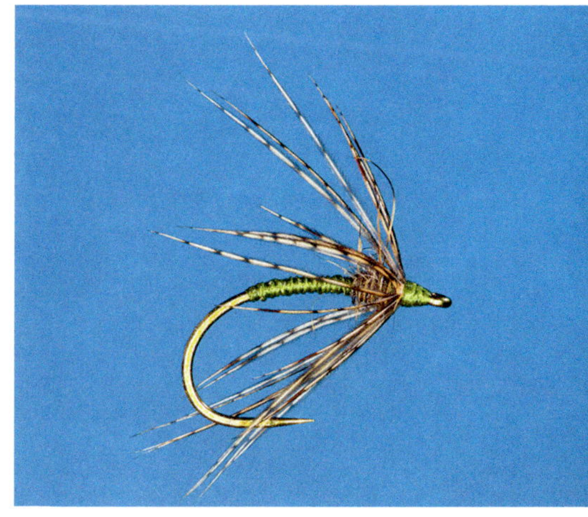

Körperlänge: ca. 8 mm / Hakengröße:
12–14

Natürliche Vorbilder: Eintagsfliegen und Köcherfliegen beim Schlupf (oder abgestorben in der Drift)

Präsentation: nass

Gewässer: Bäche, Flüsse
(Text: Seite 39, 44)

Alternative Muster: Woodcock and Olive, Waterhen Bloa

Sommer

Die Verhältnisse im Sommer gestalten sich häufig schwierig und zeigen nicht selten im Tagesverlauf ein stark unterschiedliches Insektenangebot. Am frühen Morgen ist zur Flugzeit der Hydropsychiden fast immer ein Schlupf von Vertretern dieser Köcherfliegengruppe zu beobachten. Meist beginnt er um Sonnenaufgang und die Aktivitätsphase der Fische erstreckt sich dann bis in die späteren Morgenstunden. Verschiedene trockene Muster (etwa die **Grey Flag**: *Hydropsyche pellucidula*) sind für Arten aus dieser Familie bekannt geworden, als generalisiertes Gruppenmuster ist eine naturfarbige **Buck Caddis** in Gr. 12 völlig ausreichend. Gerade Bachforellen stehen übrigens in diesen frühen Stunden oft noch ausserhalb ihrer Unterstände auf attraktiven Fressplätzen in ganz seichtem Wasser.

Tagsüber

Nach längeren Hitzeperioden mit deutlicher Wassererwärmung suchen Salmoniden bevorzugt Rauschen oder Bereiche mit kühlem Grundwasseraustritt auf, wo eine höhere Sauerstoffkonzentration gegeben ist. Liegen die Wassertemperaturen allerdings bei 18-20° C (oder gar darüber), stellen Forellen und Äschen ihre Fressaktivitäten weitgehend ein und sind gegenüber zusätzlicher Stressbelastung (Störung, Drill) zunehmend empfindlich. Eine verantwortungsvolle Befischung ist unter solchen Bedingungen nicht mehr gegeben und der Flugangler sollte daher derart erwärmte Forellengewässer weder bewaten noch befischen. Ab einer kritischen Wassertemperatur von 25° C treten bereits massive Fischsterben auf.

An ökologisch intakten, sommerkalten Salmonidenflüssen sind allerdings durchaus interessante Möglichkeiten gegeben. Unter überhängenden Ästen können Muster wie die **Coch-y-Bondhu** und mittelgroße **Palmer**, die Käfer und andere Terrestrials nachahmen, erfolgreich sein. Obwohl fast immer zumindest einzelne Eintags- und Köcherfliegen zwischen den Schwärmen verschiedenster Mücken und anderer Zweiflügler über dem Wasser zu sehen sind, lassen sich steigende Fische höchstens vereinzelt feststellen und oft ist auch unter Wasser die Aktivität gering. Mitunter fangen aber spärlich gebundene kleine Mückenmuster wie die **Black Midge, Grey Duster** oder **Griffith's Gnat** (Gr. 16 und kleiner), am besten etwas eingesunken, in ripple-Zonen und im Ein- und Auslauf schneller Rinnen.

Vor allem im Oberlauf mancher Flüsse kommt es zeitweise auch zu Massenanflügen mittelgroßer gelber Steinfliegen, deren Weibchen zur Eiablage auf der Wasseroberfläche abdriften und dann gerne von den Fischen genommen werden. Auch die tagsüber schlüpfende Welshmans Button (*Sericostoma personatum*) soll nicht unerwähnt bleiben, die bei stärkerem Auftreten (z.B. an der Steyr, Oberösterreich) mit olivfarbenen Puppen- oder **Emerger- Mustern** gut nachgeahmt werden kann.

Goldkopfpupa

Körperlänge: ca. 10 mm / Hakengröße: 10–12

Natürliche Vorbilder: Köcherfliegenpuppen

Präsentation: nass

Gewässer: Bäche, Flüsse
(Text: Seite 25, 78)

Alternative Muster: Deep Sparkle Pupa (Gary LaFontaine), Palaretta

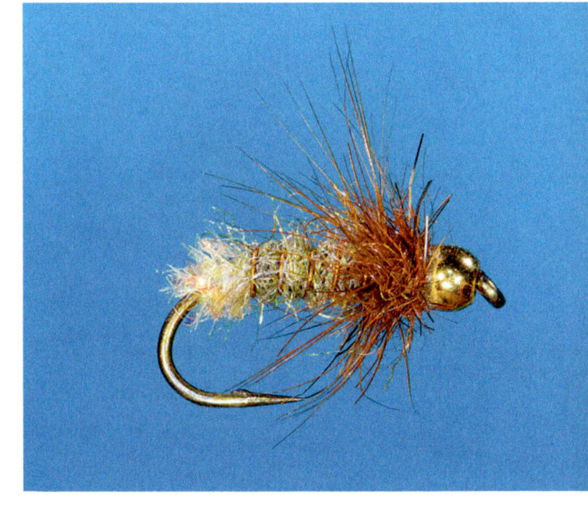

Altière

Körperlänge: ca. 5 mm / Hakengröße: 14–16

Natürliche Vorbilder: Mücken

Präsentation: trocken

Gewässer: Bäche, Flüsse, stehende Gewässer (Text: Seite 24, 68)

Alternative Muster: Assassine (J.-P. Pequenot), Griffith's Gnat, Jassid

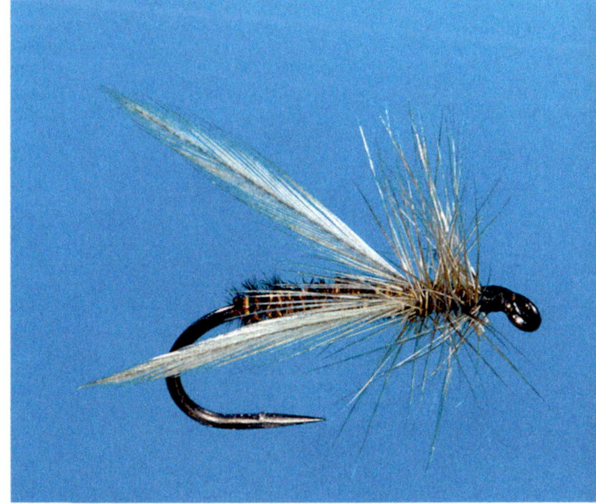

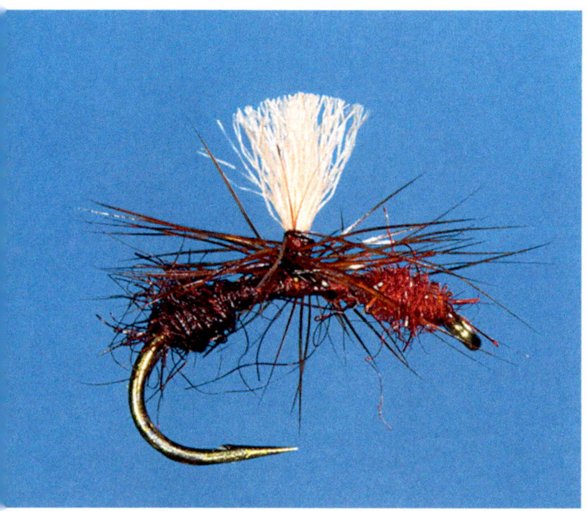

Hantelameise

Körperlänge: ca. 3 bis 10 mm / Hakengröße: 12–16

Natürliche Vorbilder: Ameisen

Präsentation: trocken im Oberflächenfilm

Gewässer: Bäche, Flüsse
(Text: Seite 33, 62)

Alternative Muster: Jungle Cock, No Body Fly, Parachute Ant (Phil Monahan)

Abends

Von den Eintagsfliegen ist die Blue Winged Olive (**BWO**: *Ephemerella ignita*) sicherlich die wichtigste Art. Je wärmer es wird, desto mehr verlagert sich der Schlupf allerdings in den späten Nachmittag und die Abendstunden. Man hat dann in der Dämmerung nicht selten die Situation, dass Schlupf (der Duns: BWO) und Spinnerfall (der am Vortag oder am Morgen aus den Duns geschlüpften Imagines: **Sherry Spinner**) gleichzeitig erfolgen.

Die für den Flugangler wichtigste Gruppe sind nun aber zweifellos die Köcherfliegen. Dabei liegt das Schlupfmaximum – aber auch der Höhepunkt der Eiablage – bei allen Arten nach Einbruch der Dunkelheit, da der auslösende Faktor für dieses Verhalten durch den Lichtwechsel (hell/dunkel) gegeben ist. Das Fischen mit einem gezogenen (gezupften) Muster, an gestreckter Leine schräg flussabwärts präsentiert, ist um diese Zeit oft überaus produktiv (twitching). Außer Hydropsychiden können zahlreiche Arten solcherart imitiert werden (u.a. **Small Yellow Sedge**: *Psychomyia pusilla*, **Dark Spottted Sedge**: *Cyrnus trimaculatus*, Long- und Silverhorns), doch kommt der spezifischen Nachahmung kaum Bedeutung zu: Wichtig ist aber, ein gut schwimmendes Muster zu verwenden, das auch den typischen V-Umriss auf der Wasseroberfläche nachzeichnet. Die Hakengrösse scheint keinen entscheidenden Einfluss zu haben, bei massenhaftem Auftreten mittelgroßer Formen ist Gr. 12 als Universalgröße empfehlenswert.

Dennoch kommt es immer wieder vor, dass der Flugangler – trotz intensiven Steigens – an solchen Tagen den Abendsprung als „Schneider" oder doch nur mit recht mässigen Fängen beenden muss, weil er die tatsächlich höchst selektiv aufgenommene Nahrung der Fische nicht wirklich erkannt hat. Die mehr oder minder verzweifelten Versuche korrekter Analyse sind schon auf Grund der immer schlechter werdenden Lichtverhältnisse zur Erfolglosigkeit verurteilt und auch die Anwendung von Erfahrungswerten führt in solchen Fällen eher nur zufällig zum Erfolg.

Von der Mitte des Sommers bis in den Herbst hinein gewinnen die grossen Arten der Köcherfliegen (Familie Limnephilidae; u.a. **Caperer**: *Halesus tesselatus*, **Large Cinnamon Sedge**: *Potamophylax cingulatus*) an Interesse für den Fliegenfischer. Bekannt sind sie vor allem in England und an vielen Seen (Loughs) in Irland, kommen aber ebenso an größeren Flüssen Zentraleuropas (in Oberösterreich etwa in Traun und Steyr) vor. Orangefarbige Puppenmuster in Gr. 10, die trocken oder nass (an tiefen Stellen auch leicht beschwert) gefischt werden können, sind dann oft überraschend fängig.

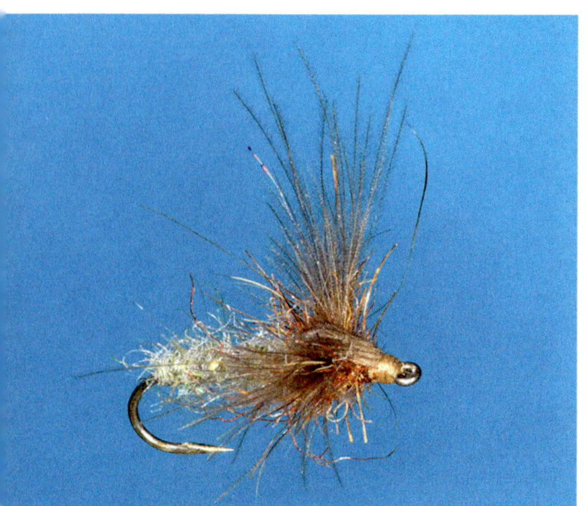

CDC Delta-Wing Sedge

Körperlänge: ca. 10 mm / Hakengröße: 10–12

Natürliche Vorbilder: Köcherfliegen

Präsentation: trocken

Gewässer: Bäche, Flüsse
(Text: Seite 65, 71)

Alternative Muster: Buck Caddis, F Sedge (M. Fratnik), Streaking Caddis

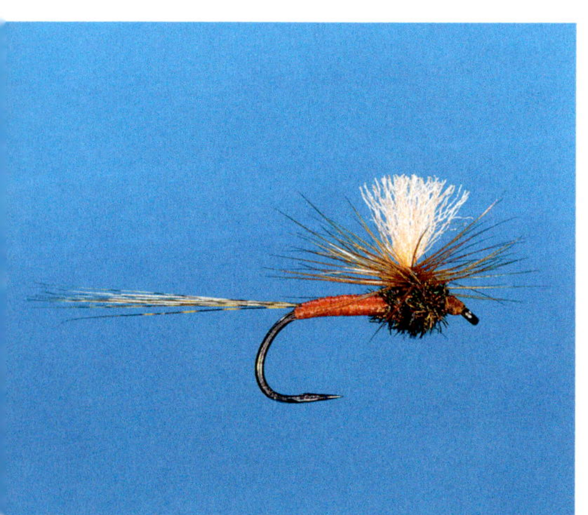

Sherry Spinner

Körperlänge: ca. 4–6 mm / Hakengröße: 14–17

Natürliche Vorbilder: Eintagsfliege *Ephemerella ignita* (Weibchen bei / nach der Eiablage)

Präsentation: trocken

Gewässer: Bäche, Flüsse
(Text: Seite 71)

Alternative Muster: Red Quill, Lunn's Particular

Flymph

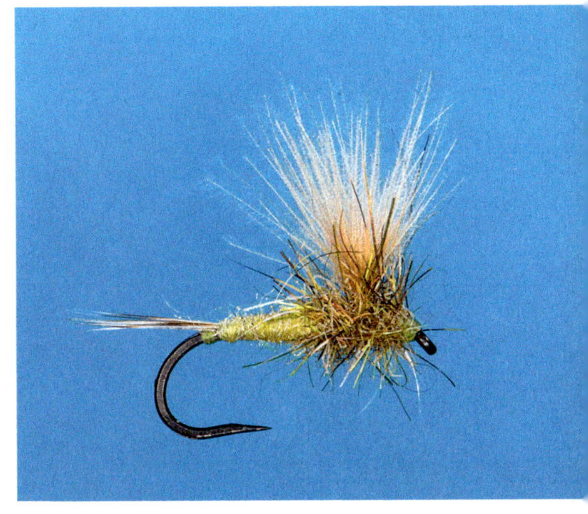

Körperlänge: ca. 4–6 mm / Hakengröße: 14–18

Natürliche Vorbilder: Eintagsfliegen Olive Duns / Pale Wateries

Präsentation: trocken im Oberflächenfilm

Gewässer: Bäche, Flüsse
(Text: Seite 24)

Alternative Muster: Tups indispensable, Loop-Wing Emerger, Light Olive Dun, Light Cahill

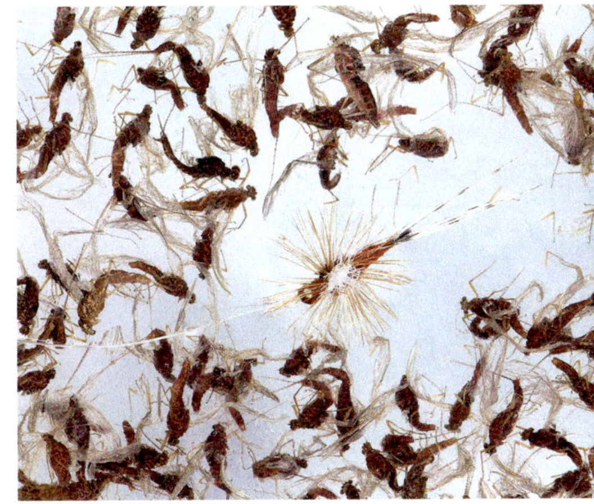

Matching the hatch (Mageninhalt einer Äsche)

Herbst

Köcherfliegennachahmungen sind nur im frühen Herbst, wenn der Sommer in einem milden Nachsommer ausklingt, von Bedeutung. Zwar wird der aufmerksame Fliegenfischer um die Mittagszeit immer wieder Exemplare der **Cinnamon Sedge** (*Limnephilus lunatus*) beobachten können, die aufs Wasser dippen, um Flüssigkeit für die Eiablage aufzunehmen oder um die Mittagszeit die **Dark Alpine Sedge** (*Allogamus auricollis*) in großer Zahl schwärmen sehen – meist bleiben sie aber von den Fischen völlig unbeachtet. Gleiches gilt für die oft massenhaft im Ufergebüsch sitzende **Broadwing Cinnamon Sedge** (*Chaetopteryx villosa*), deren Flugzeit vom September bis in den Jänner reicht.

Mit den kühlen Nächten im Herbst geht das Angebot an Landinsekten rasch zurück und Terrestrials haben auch in Ufernähe kaum mehr Bedeutung. Von Wasserinsekten treten insgesamt vorwiegend kleinere Formen auf und die passenden Hakengrößen liegen meist unter Gr. 16. Die Aktivitätszeiten liegen zuerst in den Vormittags- und Nachmittagsstunden, verschieben sich mit fortschreitender Abkühlung aber mehr und mehr in die Mittagszeit. Vorherrschende Eintagsfliegen bis in den Oktober sind die **Blasswasserfarbigen** (Pale Watery: *Baetis fuscatus*), im September in den späten Nachmittagsstunden auch noch die **Blue Winged Olive** (BWO: *Ephemerella ignita*). Die **Large Dark Olive** (*Baetis rhodani*) schlüpft in milden Klimaten wie in England ganzjährig, aber auch in vielen Flüssen Kontinentaleuropas kommt es zu bedeutenden Schlüpfen der (deutlich kleinwüchsigeren) Herbstgeneration.

Bis in den Winter hinein sind schlanke, dunkle Steinfliegen wie die **Weidenfliege** (Willow Fly: *Leuctra geniculata*) und die **Needle Flies** (verschiedene kleine Arten der Gattung *Leuctra*) von Bedeutung, deren nach der Eiablage abtreibenden Weibchen vor allem von Äschen meist gierig genommen werden. Außerhalb der kurzen Aktivitätszeiten der Fische, wenn keine Insekten auf dem Wasser sind, gestaltet sich mit fortschreitender Jahreszeit die Fliegenfischerei zunehmend aussichtslos. Ein Spaziergang am Wasser, die Beobachtung ablaichender Fische und die Vorfreude auf das Frühjahr verkürzen dann dem begeisterten Flugangler die winterliche Zeit. Das Studium der Fliegenkataloge, vielleicht sogar ein Bindekurs, führen am Ende aber doch wieder zu der immer reizvollen Frage: *Welches Muster geht?*

Pale Watery (nach Devaux)

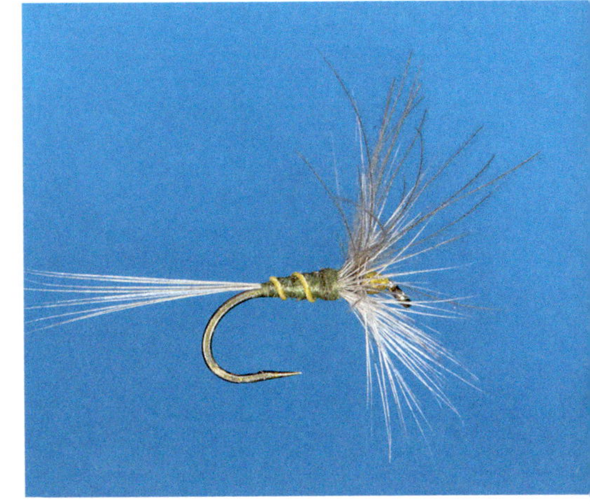

Körperlänge: ca. 5 mm / Hakengröße: 14–18

Natürliche Vorbilder: Eintagsfliegen – Blaßwasserfarbene (*Baetis fuscatus*, *Centroptilum* sp., *Procloeon* sp.)

Präsentation: trocken

Gewässer: Bäche, Flüsse
(Text: Seite 52, 53, 74)

Alternative Muster: Light Hendrickson, Ginger Quill

F-Fly

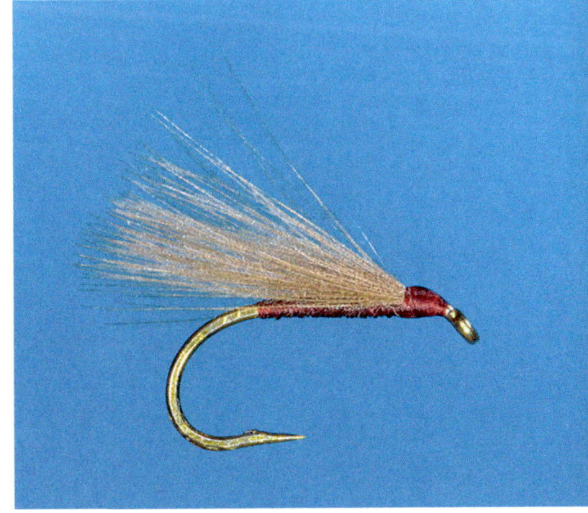

Körperlänge: ca. 5 mm / Hakengröße: 14–18

Natürliche Vorbilder: kleine Eintagsfliegen, Mücken (mit flach eingebundenen Fibern auch Steinfliegen – Needle Flies

Präsentation: trocken

Gewässer: Bäche, Flüsse
(Text: Seite 24, 77)

Alternative Muster: CDC Delta-Wing Stonefly, Flymph, Shuttlecock Buzzer, Black Gnat

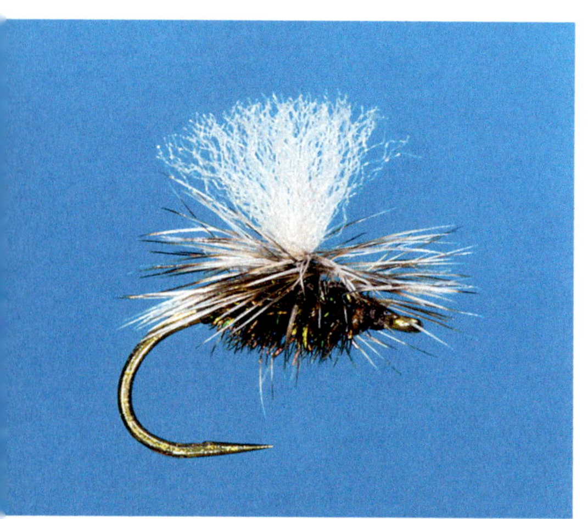

No Body Fly

Körperlänge: ca. 4 mm / Hakengröße: 16–18

Natürliche Vorbilder: Mücken, Landinsekten.

Präsentation: trocken

Gewässer: Bäche, Flüsse
(Text: Seite 54)

Alternative Muster: Hexerl, Griffith's Gnat, Grey Duster

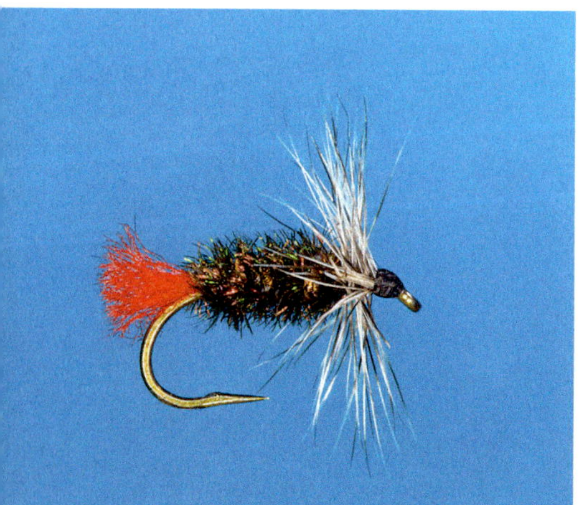

Hexerl

Körperlänge: ca. 5 mm / Hakengröße: 14–18

Natürliche Vorbilder: Mücken, Landinsekten, Köcherfliegen und Eintagsfliegen beim Schlupf.

Präsentation: trocken

Gewässer: Bäche, Flüsse
(Text: Seite 74)

Alternative Muster: Red Tag, kleine dunkle Palmer, Black Zulu, Witch

Seen

Im Gegensatz zu Großbritannien (stillwater fisheries) und Irland (lough fishing) haben stehende Gewässer in Deutschland, Österreich und der Schweiz für Fliegenfischer nur eine recht untergeordnete Bedeutung. Wissenschaftlich betrachtet sind Seen natürliche stehende Gewässer mit einer Tiefenregion (Profundal: Zone ohne Tageslicht), im Sinne des Fliegenfischers handelt es sich meist um größere stehende Gewässer, deren Befischung mit der Fliege allerdings viel Erfahrung sowie spezielles Gerät, Anbietetaktik und Muster erfordert, die nicht Gegenstand dieses Taschenbuches sein können. Wer nur ausnahmsweise einmal einen kleinen Gebirgssee auf Bachforellen oder Seesaiblinge befischt, der wird im allgemeinen mit einer **Buzzer Pupa** oder spärlich gebundenen Nassfliegen – eingesunken in der Drift oder gezogen – sein Auslangen finden. Auch eine **F-Fly** (als Zuckmücken-Imitation) in Hakengröße 12 bis 14 und im Oberflächenfilm hängend angeboten ist eine gute Wahl. An den meisten Voralpenseeen kommt punktuell in flachen, feinschlammigen Buchten die **Maifliege** (*Ephemera danica* und ähnliche, verwandte Arten) massenhaft vor, die für kurze Zeit eine spannende Fischerei bieten kann, oft aber auch unter Einheimischen kaum bekannt ist. Die an den englischen Trinkwassertalsperren (Blagdon, Graf-

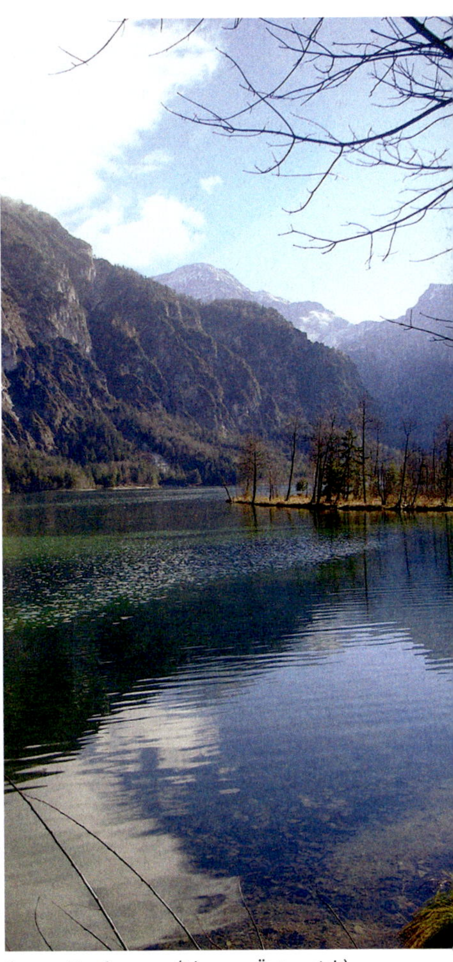

Seen – Voralpensee (Almsee, Österreich)

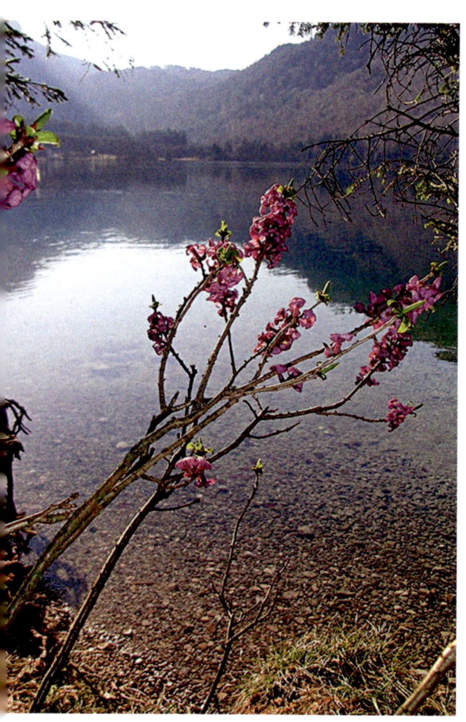
Saisonbeginn am Voralpensee (Vorderer Langbathsee, Österreich)

ham, Rutland u.v.a.) besonders beliebte Fliegenfischerei mit Imitationen von Mückenpuppen (v.a. Zuckmücken: Chironomidae; **Buzzer Pupa, Crippled Midge**) hat in Zentraleuropa praktisch keine Bedeutung, beziehungsweise findet sie ihre Entsprechung in der Hegenen-Fischerei auf Renken (Coregonidae), die zunehmend derartige Spezialmuster übernommen hat und erfolgreich verwendet. In der Uferregion können auch Rückenschwimmer (Notonectidae; Seite 22) oder die recht ähnlichen Ruderwanzen (Corixidae) einen wesentlichen Teil der Fischnahrung ausmachen und werden dementsprechend imitiert (**Corixa**). An Stelle einer gezielten Nachahmung kann dafür ersatzweise auch eine nur zart beschwerte Goldkopfpuppe Verwendung finden. Mit Fliegengerät angebotene Imitationen von Fischbrut erfreuen sich ebenfalls großer Beliebtheit (Streamerfischerei).

Crippled Midge

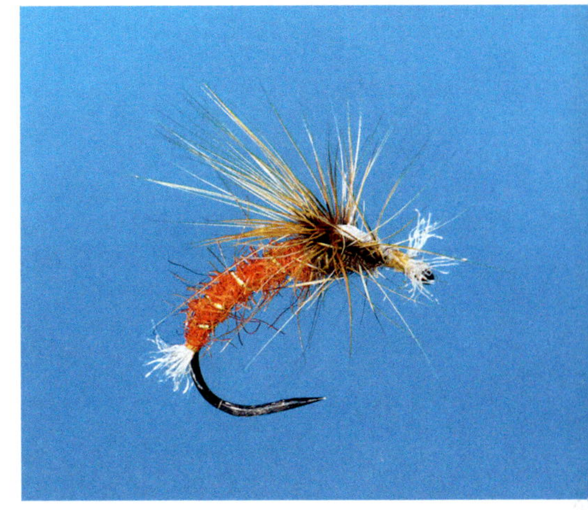

Körperlänge: ca. 7 mm / Hakengröße: 12–14

Natürliche Vorbilder: Mücken.

Präsentation: trocken

Gewässer: stehende Gewässer (Text: Seite 78)

Alternative Muster: Shuttlecock Buzzer, F-Fly (Marjan Fratnik)

Buzzer Pupa

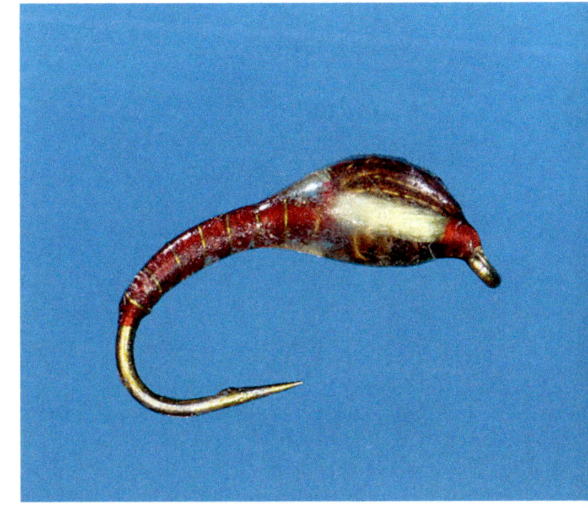

Körperlänge: ca. 7 mm / Hakengröße: 12–16

Natürliche Vorbilder: Mücken im Puppenstadium.

Präsentation: nass (in Drift oder aufsteigend)

Gewässer: stehende Gewässer (Text: Seite 25, 78)

Alternative Muster: Diawl Bach, Pulling Buzzer

Besondere Situationen

Die Ungunst der Stunde: das Missgeschick zu spät gekommen zu sein, der falsche Wasserstand oder das Wasser wie ausgestorben – die Klagen des Fluganglers sind vielfältig, mögliche Auswege ebenso.

Sie sind zu spät ans Wasser gekommen, die Sonne brennt vom Himmel und keinerlei Aktivität der Fische ist feststellbar? Die frischen Stiefelspuren verraten zudem, dass die verbliebenen Fische auch noch von Ihrem Vorgänger vergrämt sein dürften? Wenn man den Fisch nicht sieht, muss man ihn dort suchen, wo man ihn nicht sehen kann. Das sind allerdings nicht die spiegelglatten, abgrundtiefen Kolke oder die ebenso glatten Züge – suchen Sie den Fisch unter dem unterspülten Ufer, im Schatten weit überhängender Zweige und im raschen, gebrochenen Wasser. Die Musterwahl ist unter diesen Umständen meist nicht entscheidend, im raschen Wasser sind kleinere Muster in grau und schwarz auch in der Sommerhitze oft fängig. Je ruhiger der Wasserspiegel, desto empfindlicher der Fisch, und wiederholter Service an dieselbe Stelle verbessert Ihre Fangchancen nicht. Auch das Überwerfen von Fischen oder das Abtreiben der Flugschnur über ihnen wirkt sich, vor allem in Gewässern mit erhöhtem Befischungsdruck, fast immer stark negativ auf die Aktivität der Fische aus. Oft reicht schon eine kurze Zeit der Ruhe aus und plötzlich beginnen da und dort wieder Fische zu steigen. Bei Hitze und grellem Sonnenlicht ist vielleicht auch der Gang in einen schattigen Gastgarten angezeigt – am späten Nachmittag und frühen Abend sieht es am Wasser dann oft wieder erfreulich vielversprechend aus.

Bei Niederwasser gelten die oben angeführten Regeln ebenso, die Fische sind dann auch sehr scheu und nur manchmal kann die Erhöhung der Wurfdistanz noch zu dem ersehnten Anbiss verhelfen – steigen doch mit der Entfernung alle Probleme von Service, Anhieb und Drill geradezu überproportional. Abrupte Temperaturänderungen durch sehr kaltes Schmelzwasser und hohes, stärker angetrübtes Wasser, meistert man am besten, indem man ohne Groll sich einer anderen Beschäftigung zuwendet, denn Fliegenfischen hat unter solchen Bedingungen keinen Sinn. Und als Abendessen ist auch ein frisches Pilzgericht nicht zu verachten.

Nach Hochwässern, vor allem im Sommer, hat der Flugangler oft wochenlang eine schlechte Zeit. Die Masse der Fischnährtiere zieht sich zwar bei rasch steigendem Wasserstand in die Lückenräume des Untergrundes, das so genannte hyporheische Interstitial, zurück und überlebt dort die Zeit des Hochwassers. Die großen, schlüpfreifen Larven und Puppen dagegen können sich nicht soweit zurückziehen und es kommt durch den Geschiebetransport meist zu großen Verlusten. Dieser Ausfall im aktuellen Insektenangebot macht dem Flugangler zu schaffen, denn vor allem größere Fische stellen sich dann eine Zeit lang in der Ernährung um. Die Fliegenwahl ist dann oft überraschend einfach – der Fisch nimmt nämlich keine!

Ein völlig anderes Phänomen stellt allerdings den Fliegenfischer vor eine tatsächliche und besondere Herausforderung: Wenn rings um ihn die Fische immer mehr in hektische Aktion geraten, Insekten dicht und dichter schlüpfen, das Wasser scheint zu kochen und – die eigene Fliege bleibt völlig unbeachtet! Obwohl sich derlei öfter beim so genannten Abendsprung ereignet, wo der Angler zusätzlich durch das unbarmherzig schwindende Licht in seinen Reaktionen eingeschränkt und schließlich zum Rückzug gezwungen wird, vereinzelt haben wir ähnliches am hellen Tage erlebt. In einem derartigen Fall kann (manchmal) Beobachtung des Rätsels Lösung finden helfen:

- Das (auffällig schwimmende) Vorfach schreckt die Fische ab – Entfetten hilft meist nur sehr kurz, manchmal ist auch ein Mattieren des Vorfaches (mittels feinstem Polierpapier) oder dunkles Einfärben (mit wasserfestem Marker) hilfreich.
- Das Muster wird falsch angeboten – etwa trocken (oder auch versunken) unbewegt in freier Drift, während die Fische auf die Steigbewegung ihrer Beute fixiert sind – vor allem bei Schlüpfen von Köcherfliegenpuppen kommt das relativ häufig vor.
- Es kommen gerade zwei Beutetiere in großer Anzahl vor, von denen eines von den Fischen ignoriert wird. Wenn kleine Eintagsfliegennymphen schlüpfen und rasch abfliegen (was dem aufmerksamen Fischer auffällt, die Fische aber wenig schätzen), während zugleich infolge eines stromauf erfolgenden Spinnerfalls ein steter Strom abgestorbener Eintagsfliegen im Film daher treibt (was auch dem aufmerksamsten Flugangler meist entgeht, für den Fisch aber eine bequeme Beute darstellt). Ein entsprechender Wechsel im Muster und in der Anbietetaktik kann dann erfolgreich sein.

Vor allem bei Äschen kann man nicht selten erleben, dass ein Fisch auf die Trockenfliege steigt und sie (scheinbar) im letzten Augenblick verweigert. In vielen Fällen hat der Fisch in Wahrheit die Fliege trotz aller Mühe knapp verfehlt, da sie zu spät in seinem Sichtfenster aufgetaucht ist. Statt eines Fliegenwechsels ist daher zuerst ein versuchsweiser Wechsel im Service mit größerer Vorhaltedistanz angebracht, der dann den Fisch oft an den Haken bringt. Hat der Fisch aber tatsächlich die Fliege nach genauer Betrachtung verweigert, so kann nicht selten ein deutlich kleineres Muster oder eines, das spärlichst gebunden und leicht eingesunken ist, noch überzeugen. Hilft auch dieser Wechsel nicht, so kann ein Muster mit anderem Umriss manchmal helfen.

Nicht selten kommt es auch vor, dass Fische steigen und scheinbar das Muster nehmen, doch auch blitzschneller Anhieb bleibt regelmäßig ohne Reaktion, bis irgendwann ein fehlgehakter Fisch dann (meist nur für kurze Zeit) doch hängen bleibt. In diesen Fällen stößt der Fisch nur mit geschlossenen Kiefern die Fliege an, der Fisch „steigt kurz" wie manche Angler sagen. Auslöser dieses Verhaltens scheint im Allgemeinen hoher Befischungsdruck zu sein, doch herrschen unterschiedliche Meinungen (s. Reisinger 2009, Traun-Journal 12: 86) über die richtige Interpretation dieses bekannten Phänomens. Ein deutlich kleineres Muster kann in solchen Fällen bisweilen doch noch zum Anbiss führen. Auf hohen Befischungsdruck mit einander recht ähnlichen Mustern, wie etwa zur Maifliegenzeit, reagieren Fische manchmal mit konsequenter Ablehnung selbst der natürlichen Vorbilder. In derartigen Fällen kann ein radikal anderes Muster – eine winzige schwarze Mücke (**Black Gnat**)oder eine gute Schnakennachbildung (**Daddy Longleg**), genau im Blickfenster des Fisches angeboten – ihn manchmal doch noch verführen.

Bei in guter Deckung knapp unter der Oberfläche stehenden Fischen kann auch der Überraschungseffekt fast reflektorisch zum Anbiss führen – eine mittelgroße, punktgenau vor dem Fisch ins Wasser fallende Fliege führt oft zu sofortigem, blitzschnellem Zuschnappen. Ein nicht zu kleines, gut sichtbares Muster erleichtert dem Angler in derartigen Fällen den exakten Service (und vor Allem den blitzschnellen Anhieb), für den Fisch dagegen ist das Muster ziemlich egal.

Dem naturbewussten Fliegenfischer, der offenen Auges an seinem Wasser steht, wird allerdings jeder Fisch zur besonderen Situation. Wer nach dem verzeihlichen Beutehunger der Jugend und dem (manchmal weniger verständlichen) Rekordwahn der mittleren Jahre sich selbst nichts mehr zu beweisen braucht, der fischt deshalb nicht mit geringerer Begeisterung – nur vielleicht mit weniger Hast und jedenfalls mit tiefer empfundenem Genuss. Wer mehr an den Fisch denkt als an den Fischkorb, wem der verangelte Fisch mehr Schmerz bereitet als der nach spannendem Kampf unverletzt entkommene, dem präsentiert sich auch die Frage der Fliegenwahl in einem anderen Licht.

Preska Nymphe

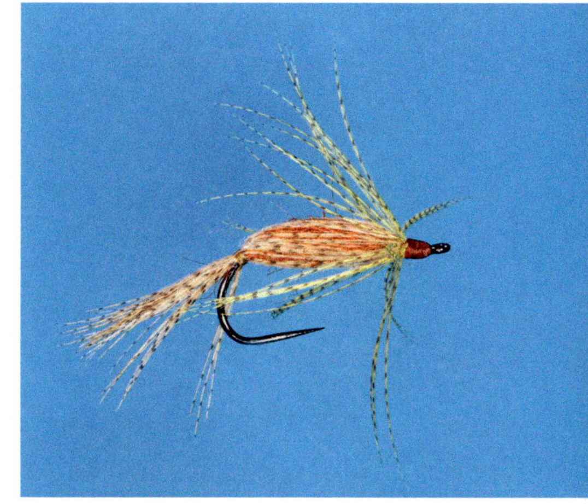

Körperlänge: ca. 12 mm / Hakengröße: 1

Natürliche Vorbilder: Maifliegen, Köcherfliegen (Limnephilidae)

Präsentation: nass

Gewässer: Bäche, Flüsse, Seen

Alternative Muster: Mallard & Claret

Daddy Longleg

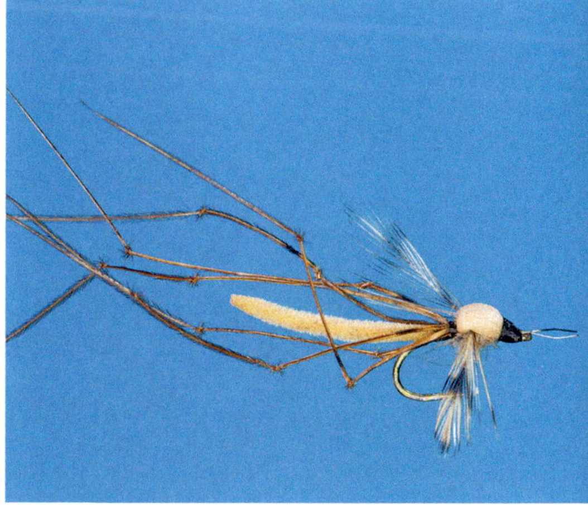

Körperlänge: ca. 20 mm / Hakengröße: 14

Natürliche Vorbilder: Schnaken (Tipulidae, Seite 21)

Präsentation: trocken

Gewässer: Bäche, Flüsse, Seen

Alternative Muster: Crane Fly

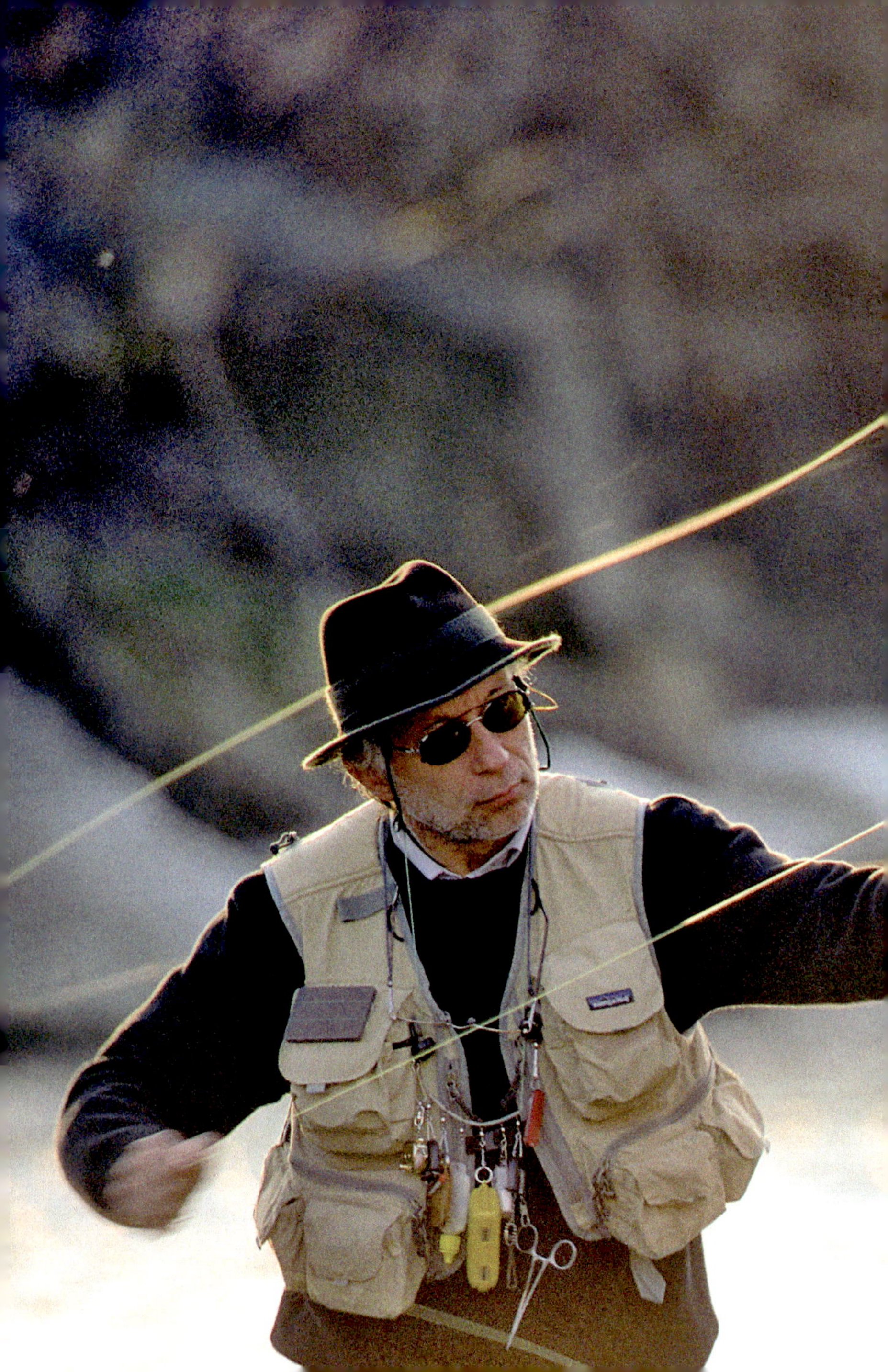

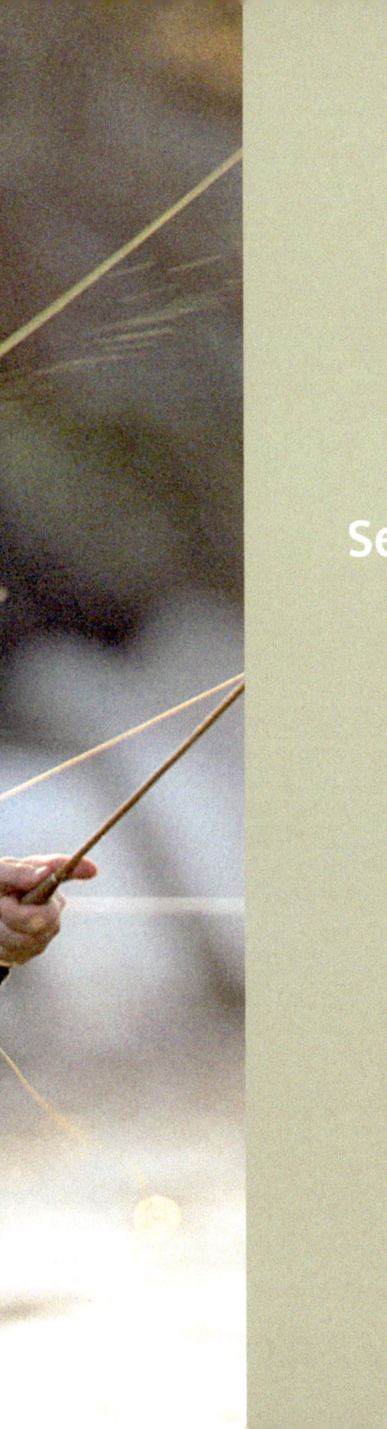

Service

Weiterführende Literatur

Aufgenommen wurden im Text angeführte, meist historische, allgemeine Werke sowie eine durchaus subjektive Zusammenstellung von aus Sicht der Autoren weiterführenden Büchern und Zeitschriftenartikeln zu den Themen Biologie / Zoologie wichtiger Insektengruppen, Fliegenmuster und deren Namen sowie Bindetechniken. Wie schon aus den Titeln ersichtlich behandeln einzelne Werke auch mehrere dieser Themen (werden aber dennoch nur einmal angeführt).

Allgemein und historisch

Barker T. (1651) The Art of Angling. Wherein are discovered many rare secrets, very necessary to be knowne by all that delight in that recreation. R.H. for Oliver Fletcher, London [kostenloser download: www.gutenberg.org › Free Ebook Search]

Bauernfeind E. (1998) Eintagsfliegen – Von der Faszination der Nachahmung. Traun-Journal, Gmunden, 6: 21-24.

Goddard J. & B. Clarke (1980) The Trout and the Fly. Ernest Benn, London, 191 pp.

Greenhalgh M. & D. Ovenden (1998): Das komplette Handbuch Fliegenfischen & Fliegenbinden. Scherz Verlag, Bern, München, Wien, 288 pp.

Halford F.M. (1902) Dry Fly Entomology. Vinton & Co., London (second revised edition), 323 pp.

Kite O. (1964) Nymphenfischen in der Praxis. Paul Parey, Hamburg und Berlin, 106 pp.

Kite O. (1969) A Fisherman's Diary. Andre Deutsch, London, 221 pp.

Pequenot J.-P. (1969) L'Art de la Pêche à la Mouche Sèche. Imprimerie Jacques et Demontrond, Besançon, 306 pp.

Pritt T.E. (1886) North-Country Flies. 2nd edition, Sampson Low, London, 12 lithographic plates, 63 pp.

Reisinger W. (2009) Feines Fliegenfischen auf Äschen im späten Herbst. Traun-Journal, Gmunden, 12: 86-98.

Ritz Ch. (1953) Pris sur le Vif. Ombres, Truits, Saumons. Libr. Champs-Élysées, Paris, 282 pp.

Ritz Ch. (1956) Erlebtes Fliegenfischen. Albert Müller Verlag AG, Rüschlikon-Zürich, 230 pp.

Skues G.E.M. (1921) The Way of a Trout with a Fly. A. & C. Black, London, 259 pp.

Stölzle A. & K. Salomon (1931) Die Kunst und die Grundlagen des Fliegenfischens. Verlag Deutschösterreichische Fischerei-Gesellschaft, Wien; Nachdruck vom Verlag J. Schück, Nürnberg (1990), 225 pp.

Stoll E. & H. Gebetsroither (1972) Hohe Schule auf Äschen. Albert Müller Verlag AG, Rüschlikon-Zürich, 136 pp.

Walton I. (1753) The Compleat Angler or the Contemplative Man's Recreation. T. Maxey for R. Marriot, London, 246 pp. [kostenloser download: www.gutenberg.org › Free Ebook Search]

Wright L.M. Jr. (1972) Fishing the Dry Fly as a Living Insect: An Unorthodox Method, the Thinking Man's Guide to Trout Angling. New York, E.P. Dutton. 187 pp.

Biologie / Zoologie wichtiger Insektengruppen

Bauernfeind E. & T. Soldán (2012) The Mayflies of Europe (Ephemeroptera). Apollo Books, Ollerup, Denmark, 781 pp.

Harris J.R. (1952) An Angler's Entomology. Bloomsbury Books, London (Reprint 1990), 268 pp.

LaFontaine G. (1981) Caddisflies. Nick Lyons Books, New York, 336 pp.

Reisinger W., Bauernfeind E. & E. Loidl (2010) Entomologie für Fliegenfischer – Vom Vorbild zur Nachahmung. Ulmer Verlag, 2. erweiterte Aufl., 320 pp.

Fliegenmuster und deren Namen

Dawes M. (1985) The Fly Tier's Manual. Harper Collins Publishers, London, 159 pp.

Goddard J. (1991) Trout Flies of Britain and Europe. A. & C. Black, London, 242 pp.

Overfield D.T. (1972) Famous Flies and their Originators. A. & C. Black, London, 186 pp.

Reisinger W. (1999) Das Hexerl. Traun-Journal, Gmunden, 7: 100-104.

Fliegen – Bindetechniken

Bredow K.v. (1981) Das große Buch vom Fliegenbinden. Albert Müller Verlag, Rüschlikon-Zürich, Stuttgart, Wien, 2. Auflage , 288 pp.

Leeson T. & J. Schollmeyer (1998) The Fly Tier's Benchside Reference. Frank Amato Publications, Portland, 444 pp.

Reisinger W., Bauernfeind E. & E. Loidl (2011) Guide Entomologique du pêcheur à la mouche. Traduit de l'Allemand par M. Hivet. 2nde édition augmentée. La vie du rail, Collection Pêches Sportives. 370 pp.

Veniard J. (1966) The Flydresser's Guide. 2nd edition, A. & C. Black, London, 256 pp.

Walker C.F. (1960) Lake Flies and their Imitation. Herbert Jenkins Ltd, London, 190 pp.

Walker R. S. (1980) Dick Walker's Modern Fly Dressings. Ernest Benn, London, 67 pp.

Die Autoren

Ernst Bauernfeind ist Zoologe mit den Forschungsschwerpunkten Eintagsfliegen und Gewässerökologie. Von Kindheit an mit der Fliegenfischerei vertraut hat er seine Erfahrungen im wissenschaftlichen und angewandten Bereich in zahlreichen Veröffentlichungen, Kursen und Lehrveranstaltungen weitergegeben.

Walter Reisinger ist als begeisterter Fliegenfischer und Fliegenbinder international bekannt und geschätzt. Seine langjährige Beschäftigung mit Wasserinsekten, ihrer Erforschung und photographischen Dokumentation hat in wissenschaftlichen Kooperationen ebenso ihren erfolgreichen Niederschlag gefunden wie in zahlreichen selbständigen Publikationen, Kursen und Vorträgen.

Bildquellen

Bauernfeind E. (Seiten 30, 34-38, 43, 46, 51, 63, 64, 77, 78, Umschlagbild Rückseite)
Hauer W. (Seite 31 links unten)
Hochebner E. (Umschlagbild Vorderseite, Seiten 42, 57)
Pesendorfer A. (Seiten 5, 52, 61, 84)
Pfneisl P. (Seite 33)
Reisinger W. (Seiten 2, 7-29, 31 rechts unten, 40, 41, 45, 49, 55, 58, 66-76, 79-83)

Sachregister

A

Adams 44, **45**, 48, 62, 65
Alder Fly **22**, 40, 54
Alexandra 58
Allogamus auricollis 74
Alpine Olive Dun **14**
Altière 24, 68, **69**
Ameisen 12, **18**, 37, 39, 62
Ameisen-Muster 33, 39
Amphimallon solstitiale **19**
Anbietetaktik 9, 10, 37, 46
Andelle 50
Anflugnahrung 28, 44, 48, 56, 62
Argen 64
Äsche 28, **31**, 32
Äschenregion 36
Assassine 69
Aufsteiger 24
Aufsteiger-Muster 64
Avon 50

B

Bäche 44
Bachflohkrebs-Muster 39, 56, **58**
Bachforelle 28, **30**
Bachsaibling 28, **33**
Baetis 30, 53
Baetis alpinus **14**, 43
Baetis fuscatus **13**, 53, 74
Baetis rhodani **14**, 53, 64, 74
Barbenregion 36
Bibio 39, 62
Bibio marci **20**, 62
Bindeweisen 23
Bivisible 45, 48
Black Gnat 54, 75, 82
Black Midge 39, 68
Black & Peacock Spider 39, 44
Black Spider 45, 48
Black Zulu 76
Blagdon 77
Blasswasserfarbene **13**, 52
Blasswasserfarbige 74
Blau 50
Blauflügel-Prachtlibelle 38
Blue Winged Olive (BWO) 52, 64, 71, 74
Brachycentrus subnubilus 52, 65
Braunwasserbäche 46
Broadwing Cinnamon Sedge 74
Buck Caddis 24, 41, **49**, 65, 68, 72
Buzzer 25
Buzzer Pupa 78, **79**
BWO 52, 53, 64, 71, 74

C

Calopteryx virgo 38
Caperer 71
CDC 24
CDC Delta-Wing Sedge 54, **72**
CDC Delta-Wing Stonefly 75
Centroptilum 75
Chaetopteryx villosa 74
chalk streams 50
Chironomidae **20**, 25, 78
Chrysomela 62
Cinnamon Sedge 74
Coch-y-Bondhu 39, **41**, 62, 68
Coleoptera 12, 13, **19**
Coregonenfischerei 25
Coregonidae 78
Corixa 78
Corixidae 78
Crane Fly **21**, 83
Crippled Midge 78, **79**
cruiser 31
Cyrnus trimaculatus 71

D

Daddy Longleg **83**
Dark Alpine Sedge 74

Dark Cahill 40, 45
Dark Dun 45
Dark Hendrikson 45
Dark Spottted Sedge 71
Deep Sparkle Pupa 69
Delta Wing Sedge 65
Deveaux 75
Diawl Bach 79
Dinocras cephalotes 43
Diptera 12, **20**
Dog Nobbler 26
Drau 59
dregging 9, 30, 42, 46
Dun 8, 12, **14**, **15**, 24, 53
Dusky Yellowstreak **45**

E

Ecdyonurus 44
E. ignita **14**, 65
Eintagsfliegen 8, 12, 24, 25, 26, 31, 38, 43, 92
Electrogena 45
Emergent Sparkle Pupa 67
Emerger 24, **55**, 67
Emerger-Typ 24
E. mucronata 65
Epeorus 44
Ephemera danica **15**, 38, 50, 52, 53, 77
Ephemerella ignita **14**, 52, 53, 64, 71, 74
Ephemeroptera 12
Epipotamal 36
Epirhithral 42
Erlfliege **22**, 54
extended body 53
Exuvien 8, **19**

F

Fallschirm-Typ 24, 27
Faltenwespe **18**
F-Fly 24, **75**, 77, 79
Fischa 50
Flügelnassfliegen 25, **40**
Flymph 24, **55**, 64, 66, **73**, 75
Forellenregion 36
Formicidae **12**
Fratnik 24
French Partridge Mayfly 55
F Sedge 72

G

G & H Sedge 49
Gambe 25
Gammarus 58
Gebirgsbäche 42, **43**
Gletscherbäche **42**
Ginger Quill 75
Goldkopfpupa **69**, 78
Grafham 78
Grannom 52, 54, 65
Green Drake **15**
Greentail 54
Greenwell's Glory 39, 40
Grey Duster 68, 76
Grey Flag 68
Grey Wulff 45
Griffith's Gnat 68, **76**
Große Olivfarbene 52
Grünschwanz 54

H

Hagedornfliege **20**, 39, 62
Halesus tesselatus 71
Halford's Rough Olive 40
Hantelameise **70**
Hare's Ear 40
Hatching Sedge 67
Hautflügler 12, **18**
Hawthorn **20**
Hechelnassfliegen 25, 44, 48, **49**, **55**
Hecheltrockenfliege 23, **45**
Hegene 25
Heidebäche 46
Henryville Special 41
Heptageniidae 45
Hexerl **76**
Humpy 41, 45
Hydropsyche **16**

Hydropsyche pellucidula 68
Hydropsychidae 8, 65
Hymenoptera 12, **18**
Hyporhithral 36

I
Imago 12, **15**
Inn 59
Insektengruppen 2, 8, 12
Irresistible 45
Isoperla grammatica 43
Itchen 50

J
Jassid 69
Jungle Cock 24, 70
Junikäfer **19**, 62

K
Käfer 12, **19**, 24, 37, 41, 62, 68
Karstflüsse 50
Kenneth 50
Kite's Imperial 39
Klinkhamer-Typ 24, **40**
Köcherfliegen 12, **17**, 24, 25, 38, 52, 54, 71
Köcherfliegenpuppen 9, 25
Kreidebäche 50
Kreuzer 31
Kriebelmücken 60
Krka 50, 54
kryales Regime 42

L
Landinsekten 12, 38
Large Cinnamon Sedge 71
Large Dark Olive **14**, 64, 74
Large Olive 52
Large Olive Dun 53
Large Stone Fly **17**
Last Emerger 54, **67**
Late Mayfly 50, 53
Lepidoptera 13
Leuctra 43
Leuctridae 48
Leuctra geniculata 74
Light Cahill 73
Light Hendrickson 75
Light Olive Dun 73
Limmat 64
Limnephilidae 52, 54, 71
Limnephilus lunatus 74
Loop Wing Emerger 66, 73
Loue 50
lough fishing 77
Loughs 71
Lunn's Particular 49, 72
Lures 26

M
Maifliege **15**, 24, **25**, 38, 50, 52, 77
Mallard and Yellow **56**, 58
Mallard and Claret 83
March Brown 25, **40**
Märzbraune 23, 25, **40**, 48, 64
Matuka 58
Mayfly Paraloop Emerger **55**
Megaloptera **22**
Metarhithral 36
Midge Pupa-Typ 25, **79**
Moorbäche 46
Mücken 12, 25, 33, 38, 52, 54, 68
Mücken-Nachahmungen 33
Mückenpuppen **20**, 31, 78
Muddler Minnow 58
Mühlbäche 56, **57**
Mur 64

N
Nachahmung 9, 10, 12, 24, 48, 53, 71
Nadelfliegen 43
Nassfliege 9, 43, 46
needle Flies 43, 48, 65, 74
Nemouridae 48
Nepomorpha **22**
nivales Regime 42
No Body Fly 54, 70, **76**

North-Country Flies 39, 48
Noctonecta **22**
Notonectidae 78
Nymphe 9, 12, 26
Nymphenhüllen 8, **17**

O
obere Forellenregion 42
Odontocerum albicorne 48, 54
Oligoneuriella rhenana 48
Olive Dun 11, **14**, 39, 43
Olive Dun Klinkhamer 39, **40**
Olive Dun – Split-Wing Emerger **66**
Olive Upright **15**, 65
Oncorhynchus mykiss 28

P
Palaretta 69
Pale Watery **13**, 52, 53, 74
Pale Watery Devaux **75**
Palmer 4, 24, 25, 39, **41**, 62, 68
Parachute Ant 69
Parachute-Typ 24, **76**
Paraloop 24, 54, **55**
Partridge & Green 39, 44, 55, **67**
Partridge & Orange 48, **49**
Perla marginata 43
Perlidae 17
Perlodes microcephalus **17**
Pheasant Tail Nymph 39, **66**
Phryganeidae 52, 54
ph-Wert 46
Plecoptera 12, **17**
pluviales Regime 36
pluvio-nivales Regime 42
Poly Pupa 54, 67
Potamophylax cingulatus 71
Preska Nymphe **83**
Procloeon 75
Psychomyia pusilla 71
Psychomyidae 65
Pulling Buzzer 79
Pupa-Typ 25
Puppenhülle **16**, **17**
Puppen-Muster 9
PTN 39, **66**

Q
Qualitätskriterien 26
Quill Gordon 66

R
Rackelhahnen 49
Red Quill 72
Red Tag 76
Regenbogenforelle 28, **31**
Renken 25, 78
Rheinmücke 48
Rhithrogena 25, 30, 44
Rhithrogena germanica 25, 40, 64
Rhithrogena semicolorata **15**, 65
Rhyacophila dorsalis **16**
Risle 50
Ritz Typ "A" 66
Ronald's Sand Fly **16**
Rough Olive 40
Rückenschwimmer **22**, 78
Ruderwanzen **22**, 78
Rutland 78

S
Saiblinge 33
Salmo trutta 28
Salvelinus alpinus 28
Salvelinus fontinalis 28
Sava Bohinjka 50
Sawyer Grey Goose Nymph 66
Schlagwasser-Äschen 32
Schlammfliegen **22**, 52, 54
Schmelzwasserbäche 42
Schnake **21**
Schwillach 50
Seen 77
Seesaibling 28, 33
Sempt 50
Sericostoma personatum 68

Sherry Spinner **14**, 53, 71, **72**
Shuttlecock Buzzer 75, 79
Sialidae 52
Sialis **22**
Silikatbäche 46
Silverhorns 71
Silver Sedge 48, 54
Simulium 60
Siphlonurus 52, 53
Siphlonurus croaticus 50
Small Yellow Sedge 71
Soča 50
Sparkle Pupa 67
späte Maifliege 50
Spent 53
Spent-Typ **7**, 24
Spider 25, 27, 33, 44, 48, 64
Spider-Typ 25, 48
Spinnerfall 53, 71
Split-Wing Emerger 40
steady retrieve 25
Steinfliegen 8, 12, **17**, 24, 38, 43, 48, 52, 74
Steinklammerer 45
Steyr 5, 64, 68, 71
stillwater fisheries 26, 31, 77
Streaking Caddis 49, 72
Streamer 11, 26, 56, **58**, 59
Streamerfischerei 78
Subimago 8, 12, **14**, **15**, 24, 53

T

Teal & Orange 33
Terrestrials 12, 37, 38, 41, 62, 68, 74
Test 50
Thur 64
Tipula **21**
Tipulaidae 21
Thymallus thymallus 28
Torleya major 65
Traun 59, 71
Trichoptera 12, **16**
Tricorythodes **28**
Trockenfliege 9, 23, 48
Tups indispensable 73
twitching 52, 71

U

Unec 50, **52**

V

Vespidae **18**
Voralpenflüsse 64

W

Wasserwanzen **22**
Water Bug **22**
Waterhen Bloa 39, **49**, 55, **67**
Weidenblattkäfer 62
Weidenfliege 74
Weiße Augustfliege 48
Welshman's Button 68
Werkskanäle 56, **57**
Wespe **18**
Wickham's Fancy **41**, 48
Willow Fly 74
Wing post 27
Witch 76
Woodcock & Olive 67

Y

Ybbs 64
Yellow Sally 43
Yellow Upright **15**

Z

Zuckmücken **20**, 25, 77
Zuckmücken-Imitation **75**, 77
Zweiflügler 12, **20**, **21**, 38, 52, 60

Die in diesem Buch enthaltenen Empfehlungen und Angaben sind von den Autoren mit größter Sorgfalt zusammengestellt und geprüft worden. Eine Garantie für die Richtigkeit der Angaben kann aber nicht gegeben werden. Autoren und Verlag übernehmen keinerlei Haftung für Schäden und Unfälle.

Bibliografische Information der Deutschen Nationalbibliothek
Die Deutsche Nationalbibliothek verzeichnet diese Publikation in der Deutschen Nationalbibliografie; detaillierte bibliografische Daten sind im Internet über http://dnb.d-nb.de abrufbar.

Das Werk einschließlich aller seiner Teile ist urheberrechtlich geschützt. Jede Verwertung außerhalb der engen Grenzen des Urheberrechtsgesetzes ist ohne Zustimmung des Verlages unzulässig und strafbar. Das gilt insbesondere für Vervielfältigungen, Übersetzungen, Mikroverfilmungen und die Einspeicherung und Verarbeitung in elektronischen Systemen.

© 2014 Eugen Ulmer KG
Wollgrasweg 41, 70599 Stuttgart (Hohenheim)
E-Mail: info@ulmer.de
Internet: www.ulmer.de
Lektorat: Werner Baumeister
Umschlagentwurf: Atelier Reichert, Stuttgart
Reproduktion: timeRay visualisierungen, Herrenberg
Druck und Bindung: Firmengruppe APPL, aprinta Druck, Wemding
Printed in Germany

ISBN 978-3-8001-8087-5

Hier können Sie weiterlesen

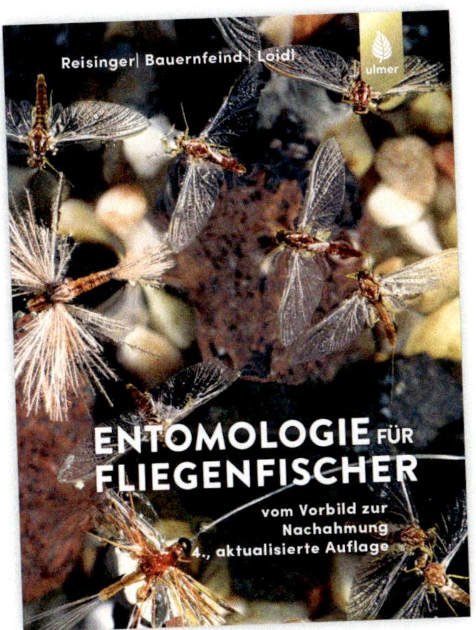

Entomologie für Fliegenfischer.
Vom Vorbild zur Nachahmung.
W. Reisinger, E. Bauernfeind, E. Loidl. 4., aktualisierte Auflage 2019. 352 Seiten, 581 Farbfotos, 4 Zeichnungen, geb.
ISBN 978-3-8186-0838-5.

Für den überzeugten Fliegenfischer sind Insekten, künstliche Fliegen und ihre Bindeweisen ein unerschöpfliches Thema. Dieses Buch fasst das Wissen um natürliche Vorbilder und ihre adäquate Nachahmung in Bindetechnik und Anbietetaktik zusammen. Ein Muss für alle, die mit Fliegenrute und Fliege auf Forellen, Lachse und andere Salmoniden fischen wollen.

Für Einsteiger

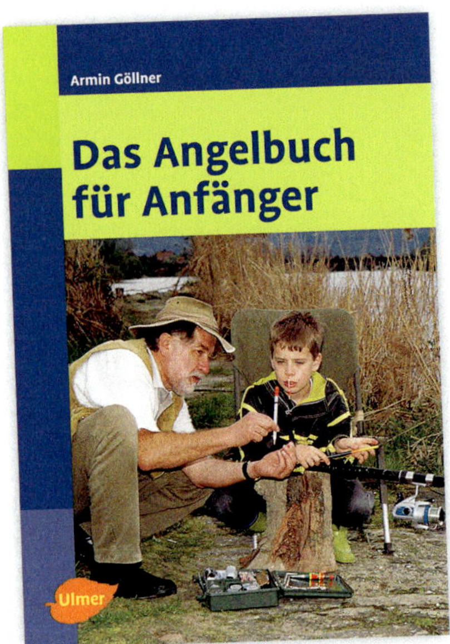

Das Angelbuch für Anfänger.

A. Göllner. 3. Auflage 2010.
192 Seiten, 47 Farbfotos,
113 Zeichnungen, kart.
ISBN 978-3-8001-6963-4.

Dieses Buch ist eine kompakte und kompetente Einführung in das „nasse Weidwerk". Das Buch vermittelt dem Anfänger alle wichtigen Informationen über die Angelfischerei und ist auch für den schon fortgeschrittenen Angler eine Fundgrube solider Informationen über Gewässer, Fische, Geräte, Angelmethoden und vieles andere.